3級 漢字検定 ピタリ! 予想模試

◇ コメントには弱点などを書き入れ，回を追うごとに力がつくようにしてください。

◇ 常用漢字表に対応しています。

予想模擬テスト 1

解答には、常用《じょうよう》漢字の旧《きゅう》字体や表外漢字および常用漢字音訓表以外の読みを使ってはいけない。

時間 60分　合格点 140/200　得点

(一) 次の――線の読みをひらがなで記せ。 (30) 1×30

1 図書館の閲覧室にいる。（　　）
2 紫紺の優勝旗を手にした。（　　）
3 雄大な自然を満喫した。（　　）
4 より賢明な方策を考える。（　　）
5 話は佳境に入ってきた。（　　）
6 突風でヨットが転覆した。（　　）
7 任務を無事に遂行した。（　　）
8 記念の銅像を鋳造する。（　　）
9 大都市近郊に住居を構えた。（　　）
10 首相は欧米諸国を歴訪した。（　　）
11 戦国時代に築かれた城郭だ。（　　）
12 機動隊が暴徒の侵入を阻止した。（　　）
13 受験者必携の参考書だ。（　　）
14 戦争の脅威から逃れたい。（　　）

(二) 次の――線のカタカナにあてはまる漢字をそれぞれのア〜オから一つ選び、記号で答えよ。 (30) 2×15

1 各方面にエイ響を及ぼす。（　　）
2 声を上げて漢詩の朗エイをする。（　　）
3 自エイのための軍備である。（　　）
（ア衛　イ営　ウ詠　エ影　オ栄）

4 企業努力で利ジュンを上げる。（　　）
5 ジュン粋な心の持ち主だ。（　　）
6 法令のジュン守が求められる。（　　）
（ア潤　イ準　ウ遵　エ巡　オ純）

7 そんなにヒ下することはない。（　　）
8 ヒ我の力には差がある。（　　）
9 創業者の記念ヒが建った。（　　）
（ア碑　イ彼　ウ被　エ卑　オ避）

(四) 熟語の構成のしかたには次のようなものがある。 (20) 2×10

ア 同じような意味の漢字を重ねたもの　（岩石）
イ 反対または対応の意味を表す字を重ねたもの　（高低）
ウ 上の字が下の字を修飾しているもの　（洋画）
エ 下の字が上の字の目的語・補語になっているもの　（着席）
オ 上の字が下の字の意味を打ち消しているもの　（非常）

次の熟語は右のア〜オのどれにあたるか、一つ選び、記号で答えよ。

1 衰退（　　）
2 霊魂（　　）
3 無尽（　　）
4 添削（　　）
6 正邪（　　）
7 移籍（　　）
8 芳香（　　）
9 硬貨（　　）

15 現実離れした幻想にすぎない。（　　）
16 あと一歩のところで惜敗した。（　　）
17 国有林の伐採には許可がいる。（　　）
18 芸術家として卓抜した才能を持つ。（　　）
19 峡谷沿いの険しい道を行く。（　　）
20 だれもが納得できる話だ。（　　）
21 しめやかに葬儀を執り行う。（　　）
22 台所で煮炊き物をする。（　　）
23 幼少のころを顧みる。（　　）
24 型紙に合わせて布を裁つ。（　　）
25 おいしい塩辛をご賞味あれ。（　　）
26 巧みな話術に引き込まれた。（　　）
27 聖火台でトーチを掲げた。（　　）
28 よく熟したブドウの房だ。（　　）
29 明るい性格で朗らかな子だ。（　　）
30 やっと笑顔がもどってきた。（　　）

10 必要な事コウを整理する。（　　）
11 古くは銅のコウ山があった。（　　）
12 犯人は警察にコウ留された。（　　）
（ア攻　イ拘　ウ鉱　エ孔　オ項）

13 包丁をトいで料理にかかる。（　　）
14 わけをよくトいて聞かせた。（　　）
15 記念の写真をトった。（　　）
（ア遂　イ撮　ウ説　エ研　オ溶）

（三）1〜5の三つの□に共通する漢字を入れて熟語を作れ。漢字はア〜コから一つ選び、記号で答えよ。 (10) 2×5

1 □談・奇□・□獣（　　）
2 遭□・□局・□解（　　）
3 追□・□所・□筆（　　）
4 □気・□魚・幼□（　　）
5 工□・暖□・文□具（　　）

ア 随　イ 房　ウ 冗　エ 難　オ 程
カ 遇　キ 怪　ク 突　ケ 稚　コ 活

5 崩壊（　　）―10 追跡（　　）

（五）次の漢字の部首をア〜エから一つ選び、記号に○をせよ。 (10) 1×10

1 婿（ア 止　イ 女　ウ 疋　エ 月）
2 励（ア ノ　イ 厂　ウ 刀　エ 力）
3 蛮（ア 亠　イ 八　ウ 虫　エ 赤）
4 刑（ア 干　イ 廾　ウ 亅　エ 刂）
5 廉（ア 广　イ 厂　ウ 八　エ 丨）
6 夏（ア 自　イ 又　ウ 夂　エ 目）
7 隷（ア 士　イ 示　ウ 隶　エ 氺）
8 吏（ア 口　イ 一　ウ 人　エ 入）
9 髄（ア 辶　イ 骨　ウ 月　エ 冖）
10 廊（ア 广　イ 良　ウ 日　エ 阝）

(六) 後の□内のひらがなを漢字に直して□に入れ、対義語・類義語を作れ。□内のひらがなは一度だけ使い、(　)に一字記入せよ。 (20) 2×10

対義語

1 需要―供□ (　)
2 鋭敏―鈍□ (　)
3 非難―賞□ (　)
4 抽象―□体 (　)
5 密集―点□ (　)

類義語

6 思慮―分□ (　)
7 露見―発□ (　)
8 嘱望―□待 (　)
9 使命―責□ (　)
10 不審―□惑 (　)

(八) 文中の四字熟語の――線のカタカナを漢字に直せ。(　)に二字記入せよ。 (20) 2×10

1 王はセイサツ与奪の権を握った。 (　)
2 作戦が成功して意気ショウテンの勢いだ。 (　)
3 いよいよコウキ到来だ。 (　)
4 話の中身が我田インスイにすぎる。 (　)
5 再会を一日センシュウの思いで待つ。 (　)
6 政治は群雄カッキョの時代だ。 (　)
7 因果オウホウは世の習いという。 (　)
8 流言ヒゴに惑わされるな。 (　)
9 どたんばで起死カイセイの手を打った。 (　)
10 君子は巧言レイショクを戒める。 (　)

(十) 次の――線のカタカナを漢字に直せ。 (40) 2×20

1 すぐれたケンシキを備えた人だ。 (　)
2 旅のシタクを整える。 (　)
3 優しくてホウヨウカがある。 (　)
4 ドアのカイヘイは静かにする。 (　)
5 センレンされた感性を持っている。 (　)
6 計画はゴクヒで進められた。 (　)
7 地下鉄のエンチョウ工事が始まった。 (　)
8 新しい条例のシュウチを図る。 (　)
9 土地のカンシュウに従って暮らす。 (　)
10 園児をインソツして動物園にいく。 (　)

かく・き・ぎ・きゅう
ぐ・ざい・さん・じゅう
べつ・む

（七）次の――線のカタカナを漢字一字と送りがな（ひらがな）に直せ。 (10) 2×5

〈例〉 窓をアケル。 （開ける）

1 相手チームに集中攻撃をアビセル。（　　）
2 予選突破はムズカシクなってきた。（　　）
3 弟子が互いに腕をキソッている。（　　）
4 命令にはシタガウべきだ。（　　）
5 式典はオゴソカニ挙行された（　　）

（九）次の各文にまちがって使われている同じ読みの漢字が一字ある。上に誤字を、下に正しい漢字を記せ。 (10) 2×5

1 年に一度催される総会を前に、会計監査役が収仕決算を詳細に確かめた。（　）（　）
2 現役最後の引退試合で会心の逆転打を放って有秀の美を飾った。（　）（　）
3 耕作していない農地に和牛を放牧して、雑草を食べさせる心みがある。（　）（　）
4 貴重な文化遺産に落書きをした人物を警察は器物損壊の様疑で手配した。（　）（　）
5 百貨店七階の催し会場で手作り作品の添示即売会があった。（　）（　）

11 法によって国をオサめる。（　　）
12 合図のフエで試合が始まった。（　　）
13 浜からのシオカゼが心地よい。（　　）
14 ホウロウの旅に出る。（　　）
15 別に深いワケはない。（　　）
16 今後の方針はまだテサグリの状態だ。（　　）
17 デパートでマイゴになった。（　　）
18 市場で魚のヒモノを買った。（　　）
19 優秀作品に賞をサズける。（　　）
20 勝敗のユクエを占う。（　　）

予想模擬テスト②

解答には、常用《じょうよう》漢字の旧《きゅう》字体や表外漢字および常用漢字音訓表以外の読みを使ってはいけない。

時間 60分
合格点 140/200
得点

(一) 次の——線の読みをひらがなで記せ。 (30) 1×30

1 事業は軌道に乗ってきた。（　　）
2 徐々に景気が浮揚してきた。（　　）
3 開発計画を一時凍結する。（　　）
4 国境に緩衝地帯がある。（　　）
5 テレビで天気概況を確かめる。（　　）
6 最近は邦楽の人気が高い。（　　）
7 服装が華美だと注意された。（　　）
8 前例に束縛されることはない。（　　）
9 理論が粗雑なので通用しない。（　　）
10 所要の経費を請求した。（　　）
11 両者の腕前は甲乙つけがたい。（　　）
12 ビールは麦芽を原料とする。（　　）
13 駅前の駐在所で道を尋ねた。（　　）
14 心身の鍛練に励んでいる。（　　）

(二) 次の——線のカタカナにあてはまる漢字をそれぞれのア～オから一つ選び、記号で答えよ。 (30) 2×15

1 部屋の冷ボウを緩める。（　　）
2 交通ボウ害だと注意された。（　　）
3 議案説明をボウ聴席で聞く。（　　）
（ア妨　イ房　ウ某　エ傍　オ謀）

4 子どもとカイ獣の映画を見た。（　　）
5 古い蔵から金カイが見つかった。（　　）
6 不当なカイ入に抗議する。（　　）
（ア悔　イ塊　ウ戒　エ怪　オ介）

7 彼は高所キョウ怖症だ。（　　）
8 絵巻物をキョウ売にかける。（　　）
9 連絡船で海キョウを渡る。（　　）
（ア峡　イ驚　ウ脅　エ恐　オ競）

(四) 熟語の構成のしかたには次のようなものがある。 (20) 2×10

ア 同じような意味の漢字を重ねたもの（岩石）
イ 反対または対応の意味を表す字を重ねたもの（高低）
ウ 上の字が下の字を修飾しているもの（洋画）
エ 下の字が上の字の目的語・補語になっているもの（着席）
オ 上の字が下の字の意味を打ち消しているもの（非常）

次の熟語は右のア～オのどれにあたるか、一つ選び、記号で答えよ。

1 粗品（　　）
2 犠牲（　　）
3 不穏（　　）
4 非力（　　）

6 暫定（　　）
7 辛苦（　　）
8 悲哀（　　）
9 抑揚（　　）

15 発表は匿名でも構いません。（　）
16 なだらかな丘陵が続く。（　）
17 諸般を考慮して穏便にすます。（　）
18 やり方が強引なのできらわれる。（　）
19 ブランド物の類似品が出回っている。（　）
20 長い髪を高く結い上げた。（　）
21 勝利して面目を施した。（　）
22 粋な着物姿の女性だ。（　）
23 暗がりに怪しい人影がある。（　）
24 救いの手を差し伸べる。（　）
25 運動会で綱引きに出場した。（　）
26 夢と希望に胸を膨らませる。（　）
27 この仕事はかなり危険が伴う。（　）
28 騒ぎに紛れて逃亡した。（　）
29 朝から蒸し暑い一日だった。（　）
30 一人息子を旅に出す。（　）

10 熱心にホウ仕活動をする。（　）
11 地震でビルがホウ壊した。（　）
12 かぐわしいホウ香が漂っている。（　）
（ア放　イ芳　ウ奉　エ崩　オ邦）

13 熱帯樹がオい茂っている。（　）
14 ジャガ芋の収穫をオえた。（　）
15 散る花にゆく春をオしむ。（　）
（ア惜　イ生　ウ終　エ負　オ織）

（三）1～5の三つの□に共通する漢字を入れて熟語を作れ。漢字はア～コから一つ選び、記号で答えよ。(10) 2×5

1 屈□・□長・□縮（　）
2 □素・排□・検□（　）
3 □願・□惜・□歎（　）
4 □通・一□・縦□（　）
5 □液・□土・□膜（　）

ア嘆	イ伸	ウ溶	エ貫	オ尿
カ辱	キ普	ク酵	ケ粘	コ哀

5 遭難（　）―10 冗長（　）

（五）次の漢字の部首をア～エから一つ選び、記号に○をせよ。(10) 1×10

1 舞（ア ノ　イ 一　ウ タ　エ 舛）
2 審（ア 宀　イ 米　ウ 木　エ 田）
3 譲（ア 言　イ 亠　ウ 衣　エ 口）
4 閲（ア 八　イ 口　ウ 門　エ 儿）
5 縫（ア 糸　イ 辶　ウ 夂　エ 幺）
6 辛（ア 立　イ 辛　ウ 十　エ 干）
7 削（ア 小　イ ⺌　ウ 刂　エ 月）
8 殴（ア 匚　イ 殳　ウ 又　エ 几）
9 虐（ア ト　イ 广　ウ 虍　エ 匚）
10 酵（ア 酉　イ 耂　ウ 子　エ 一）

（六）後の□内のひらがなを漢字に直して□に入れ、対義語・類義語を作れ。□内のひらがなは一度だけ使い、（　）に一字記入せよ。
(20) 2×10

対義語

1 模倣――□造（　）
2 栄達――零□（　）
3 反抗――服□（　）
4 賢明――□愚（　）
5 分離――□合（　）

類義語

6 介抱――看□（　）
7 有数――屈□（　）
8 敗走――□却（　）
9 応援――加□（　）
10 大儀――□倒（　）

（八）文中の四字熟語の――線のカタカナを漢字に直せ。（　）に二字記入せよ。
(20) 2×10

1 茶道の精神はワケイ清寂にある。（　）
2 両者はフソク不離の関係だ。（　）
3 思い切ってタントウ直入に聞いた。（　）
4 優しくて賢いヨウシ端麗な女性です。（　）
5 不老チョウジュの薬などない。（　）
6 孤城ラクジツの悲哀を味わう。（　）
7 奇想テンガイな着想に驚かされた。（　）
8 どの作品も同工イキョクで失望した。（　）
9 有為テンペンは世の常である。（　）
10 久し振りの再会で感慨ムリョウだ。（　）

（十）次の――線のカタカナを漢字に直せ。
(40) 2×20

1 事前調査のリョウイキを広める。（　）
2 バスの運行ケイトウを手直しする。（　）
3 議場からのタイキョを申し渡す。（　）
4 実行委員長にシュウニンした。（　）
5 努めて茶道にショウジンする。（　）
6 双方はセイイある態度で話し合った。（　）
7 試合で実力がハッキできた。（　）
8 人事をサッシンして活性化を図る。（　）
9 ごショモウの品が入りました。（　）
10 軽くて暖かいウモウふとんです。（　）

あん・けつ・ご・し
じゅう・そう・せい
たい・めん・らく

（七）次の――線のカタカナを漢字一字と送りがな（ひらがな）に直せ。 (10) 2×5

〈例〉 窓をアケル。（開ける）

1 しばらくは成り行きにマカセル。（　　）
2 血気サカンナ若者だ。（　　）
3 本当かどうかはウタガワシイ。（　　）
4 友達のさそいをコトワル。（　　）
5 遠足のアクル日は雨だった。（　　）

（九）次の各文にまちがって使われている同じ読みの漢字が一字ある。上に誤字を、下に正しい漢字を記せ。 (10) 2×5

1 古都の仏教寺院が歴史的建造物の旨宝と評価され世界遺産に登録された。（　）（　）
2 当局の敏速で適節な対応が功を奏し、事件は異例の早期解決を見た。（　）（　）
3 食事療法と運動の二つを生活に取り入れることが比満解決の決め手です。（　）（　）
4 交通事故防止のために交差点内や横断歩道では徐行運転に務める。（　）（　）
5 発車間際の駆け込み乗車は事故の原因となり、列車運行の支衝ともなる。（　）（　）

11 姉から手アみのマフラーをもらった。（　　）
12 万年雪をイタダく霊峰です。（　　）
13 山の空気を胸一杯スいこむ。（　　）
14 新しく銀行に口座をモウけた。（　　）
15 神前に新米をソナえて豊作を祈る。（　　）
16 よく話して不安を取りノゾく。（　　）
17 得意そうに胸をソらしている。（　　）
18 しっかりと記憶にトめておこう。（　　）
19 大軍をヒキいて攻めてきた。（　　）
20 出港する船をハトバで見送る。（　　）

予想模擬テスト ③

解答には、常用《じょうよう》漢字の旧《きゅう》字体や表外漢字および常用漢字音訓表以外の読みを使ってはいけない。

時間 60分

合格点 140/200

得点

（一） 次の——線の読みをひらがなで記せ。 (30) 1×30

1 新人の殊勝な決意表明があった。（　）
2 長年の辛苦に耐えてきた。（　）
3 法律は遵守するべきだ。（　）
4 実家は養鶏場を営んでいる。（　）
5 作家の体験が凝縮された小説だ。（　）
6 過去の十年を回顧する。（　）
7 難破船は孤島に流れ着いた。（　）
8 湿潤な熱帯の密林だ。（　）
9 道路工事中につき徐行する。（　）
10 重なる悪事が暴露された。（　）
11 ビルの塗装をしている。（　）
12 多量の物資が隠匿されていた。（　）
13 雨は容赦なく降り続く。（　）
14 信用を失墜させてはならぬ。（　）

（二） 次の——線のカタカナにあてはまる漢字をそれぞれのア～オから一つ選び、記号で答えよ。 (30) 2×15

1 開会式で国旗を掲ヨウする。（　）
2 彼女は日本舞ヨウが上手だ。（　）
3 人権ヨウ護の活動をしている。（　）

（ア様　イ揚　ウ踊　エ容　オ擁）

4 発送作業を業者に委タクする。（　）
5 台所で夕飯の支タクをする。（　）
6 まだ選タクの余地は十分にある。（　）

（ア託　イ拓　ウ度　エ卓　オ択）

7 仏像がコン色に輝いている。（　）
8 精もコンも尽き果てた。（　）
9 荒れ地を開コンしている。（　）

（ア金　イ根　ウ困　エ墾　オ魂）

（四） 熟語の構成のしかたには次のようなものがある。 (20) 2×10

ア 同じような意味の漢字を重ねたもの（岩石）
イ 反対または対応の意味を表す字を重ねたもの（高低）
ウ 上の字が下の字を修飾しているもの（洋画）
エ 下の字が上の字の目的語・補語になっているもの（着席）
オ 上の字が下の字の意味を打ち消しているもの（非常）

次の熟語は右のア～オのどれにあたるか、一つ選び、記号で答えよ。

1 栄華（　）
2 密約（　）
3 尽力（　）
4 悦楽（　）

6 陳謝（　）
7 破裂（　）
8 匿名（　）
9 首尾（　）

15 説明が冗漫で分かりにくい。（　　）
16 日常茶飯の事と片付けない。（　　）
17 日本語に翻訳して出版する。（　　）
18 食パンを一斤買った。（　　）
19 道徳心が欠如している。（　　）
20 豪華な料理にご満悦であった。（　　）
21 大雨でがけ崩れがあった。（　　）
22 工事の箇所をシートで覆う。（　　）
23 事前の準備を怠るな。（　　）
24 店舗の進出を企てている。（　　）
25 寒さで指先が凍える。（　　）
26 朝から練習に励んでいる。（　　）
27 心の赴くままに出かける。（　　）
28 日照り続きでダムが干上がった。（　　）
29 革の手提げかばんを買った。（　　）
30 心地よい風が吹いている。（　　）

10 愛ゾウ相半ばしている。（　　）
11 祖父が愛ゾウしている品だ。（　　）
12 巨額のゾウ与税が課せられた。（　　）
（ア増　イ憎　ウ贈　エ臓　オ蔵）

13 四十七士がウち入りした。（　　）
14 秘密の場所に宝物をウめる。（　　）
15 考えウるかぎりの手を尽くす。（　　）
（ア討　イ産　ウ得　エ埋　オ撃）

（三） 1～5の三つの□に共通する漢字を入れて熟語を作れ。漢字はア～コから一つ選び、記号で答えよ。 (10) 2×5

1 精□・□妙・技□（　　）
2 愛□・□客・□慮（　　）
3 □縮・□張・□迫（　　）
4 潔□・難□・寝□（　　）
5 □実・危□・□志家（　　）

ア 堅	イ 惜	ウ 癖	エ 顧	オ 伸
カ 魂	キ 巧	ク 緊	ケ 篤	コ 白

5 喜怒（　　）
10 未了（　　）

（五） 次の漢字の部首をア～エから一つ選び、記号に○をせよ。 (10) 1×10

1 辞（ア 立　イ 口　ウ 舌　エ 辛）
2 啓（ア 戸　イ 尸　ウ 攵　エ 口）
3 街（ア 彳　イ 土　ウ 行　エ 二）
4 掌（ア 小　イ 口　ウ 冖　エ 手）
5 墨（ア 土　イ 灬　ウ 里　エ 黒）
6 覚（ア ⺍　イ 見　ウ 目　エ 儿）
7 欺（ア 欠　イ 人　ウ 八　エ 其）
8 殊（ア 木　イ 二　ウ 夕　エ 歹）
9 厚（ア 厂　イ 口　ウ 日　エ 子）
10 畜（ア 亠　イ 田　ウ 厶　エ 幺）

（六）

後の□内のひらがなを漢字に直して□に入れ、対義語・類義語を作れ。□内のひらがなは一度だけ使い、（　）に一字記入せよ。

(20) 2×10

対義語

1 丁重 ― 粗□（　）

2 起床 ― □寝（　）

3 孤立 ― □帯（　）

4 強制 ― □意（　）

5 収縮 ― □張（　）

類義語

6 歴然 ― □白（　）

7 陳列 ― □示（　）

8 高齢 ― □年（　）

9 奇抜 ― 突□（　）

10 免職 ― □雇（　）

（八）

文中の四字熟語の――線のカタカナを漢字に直せ。（　）に二字記入せよ。

(20) 2×10

1 自然体でテンイ無縫の振る舞いだ。（　）

2 何を言ってもバジ東風と聞き流す。（　）

3 論理はタンジュン明快でよく分かる。（　）

4 心をカチョウ風月に託して歌を作る。（　）

5 事件を針小ボウダイに書き立てる。（　）

6 仏前に無病ソクサイを祈願する。（　）

7 千変バンカする夕暮れの空だ。（　）

8 美容と健康の一挙リョウトクをねらう。（　）

9 ひとりよがりの独断センコウを排す。（　）

10 エイコ盛衰は世の常である。（　）

（十）

次の――線のカタカナを漢字に直せ。

(40) 2×20

1 基本的人権はホショウされる。（　）

2 各界のチョメイ人が一堂に会した。（　）

3 劇団にショゾクしている俳優だ。（　）

4 接客にはテイヒョウのある店だ。（　）

5 味方にコオウして敵方も喚声を上げた。（　）

6 環境の変化にテキオウする。（　）

7 経営のホウシンが決定された。（　）

8 原本とショウゴウして確かめた。（　）

9 実行力のあるキチョウな人材だ。（　）

10 近くの交番にイシツ物を届けた。（　）

かい・しゅう・てん・にん
ぴ・ぼう・めい・りゃく
れん・ろう

（七） 次の――線のカタカナを漢字一字と送りがな（ひらがな）に直せ。 (10) 2×5

〈例〉 窓をアケル。 （開ける）

1 周囲からキビシイ批判を浴びる。 （　　）

2 遠くから富士山をノゾム。 （　　）

3 倒れる柱を両手でササエル。 （　　）

4 考え方がオサナイと批判された。 （　　）

5 思いの外ヤサシイ問題だった。 （　　）

（九） 次の各文にまちがって使われている同じ読みの漢字が一字ある。上に誤字を、下に正しい漢字を記せ。 (10) 2×5

1 人体には寒くなると皮膚の血管が収縮して熱の発散を防ぐ調摂機能がある。 （　）（　）

2 大規模な自然災害が起きると各地から復旧のための援助隊が波遣される。 （　）（　）

3 魅力的な服飾情報を万載した若者向けの雑誌が刊行されている。 （　）（　）

4 バスの車内事故防止のために走行中は座席の異動をご遠慮ください。 （　）（　）

5 議定書では条約締結国の温室効果ガスの削源目標が数値化されている。 （　）（　）

11 応援で士気をフルい立たせる。 （　　）

12 日本語のミナモトを探究する。 （　　）

13 生活環境はキワめて良好です。 （　　）

14 神仏をウヤマう心があつい。 （　　）

15 選手団がアシナみをそろえて行進した。 （　　）

16 宿題をスませてから遊びにいく。 （　　）

17 床にツいたのは十二時を回っていた。 （　　）

18 安物買いのゼニ失いという。 （　　）

19 悲惨な事故現場に顔をソムける。 （　　）

20 自宅からモヨりの駅までは十分です。 （　　）

予想模擬テスト ④

解答には、常用《じょうよう》漢字の旧《きゅう》字体や表外漢字および常用漢字音訓表以外の読みを使ってはいけない。

時間 60分
合格点 140/200
得点

(一)

次の——線の読みをひらがなで記せ。 (30) 1×30

1 聴衆を魅了する演奏だった。（　　）
2 要点を抜粋してまとめる。（　　）
3 名作を模倣して学ぶ。（　　）
4 学費免除の特典がある。（　　）
5 この辺りは禁猟区域です。（　　）
6 古いしきたりは踏襲しない。（　　）
7 何やら怪気炎を上げている。（　　）
8 大音響で鼓膜が破れそうだ。（　　）
9 怒りを抑制して争いを避ける。（　　）
10 原稿の執筆を快諾した。（　　）
11 床の間に香炉の名品がある。（　　）
12 大学では哲学を専攻した。（　　）
13 穏健な思想の持ち主だ。（　　）
14 雨で山の斜面が崩落した。（　　）

(二)

次の——線のカタカナにあてはまる漢字をそれぞれのア～オから一つ選び、記号で答えよ。 (30) 2×15

1 発表会の準備にヨ念がない。（　　）
2 医学の進歩に寄ヨする。（　　）
3 連続優勝の栄ヨに輝く。（　　）
（ア与　イ預　ウ誉　エ余　オ予）

4 緊急にソ置を講じる必要がある。（　　）
5 この先も険ソな山道が続いている。（　　）
6 切羽詰まって社長に直ソした。（　　）
（ア阻　イ措　ウ礎　エ訴　オ粗）

7 議論がカ熱してきた。（　　）
8 カ麗な演技に魅せられた。（　　）
9 カ空の物語であった。（　　）
（ア過　イ可　ウ華　エ架　オ果）

(四)

熟語の構成のしかたには次のようなものがある。 (20) 2×10

ア 同じような意味の漢字を重ねたもの（岩石）
イ 反対または対応の意味を表す字を重ねたもの（高低）
ウ 上の字が下の字を修飾しているもの（洋画）
エ 下の字が上の字の目的語・補語になっているもの（着席）
オ 上の字が下の字の意味を打ち消しているもの（非常）

次の熟語は右のア～オのどれにあたるか、一つ選び、記号で答えよ。

1 昇天（　　）
2 贈答（　　）
3 不遇（　　）
4 変換（　　）
6 愚問（　　）
7 滑空（　　）
8 予測（　　）
9 皮膚（　　）

15 地下資源の潤沢な国だ。（　　）
16 ひざの屈伸運動をする。（　　）
17 警官は犯人を逮捕した。（　　）
18 環境汚染は世界的な問題だ。（　　）
19 「せる・させる」は使役の助動詞だ。（　　）
20 彼はかなりの篤志家である。（　　）
21 絹のように滑らかな手触りだ。（　　）
22 悪い習慣は断ち切るべきだ。（　　）
23 その後も順調に売上を伸ばした。（　　）
24 一点差で敗れ悔しい思いをした。（　　）
25 十万を超える人が集まった。（　　）
26 飲食店を構え商いを始めた。（　　）
27 最後まで粘りを見せた。（　　）
28 親の敵を討つ。（　　）
29 温かい小豆がゆをいただく。（　　）
30 大海原を旅する夢を見た。（　　）

10 五分間の休ケイを取る。（　　）
11 「ケイ続は力なり」といわれる。（　　）
12 登山に地図をケイ行する。（　　）
（ア 憩　イ 継　ウ 携　エ 掲　オ 啓）
13 長く心にトめておきたい。（　　）
14 難問がトけてほっとした。（　　）
15 小麦粉を水でトいた。（　　）
（ア 泊　イ 止　ウ 留　エ 解　オ 溶）

（三） 1～5の三つの□に共通する漢字を入れて熟語を作れ。漢字はア～コから一つ選び、記号で答えよ。 (10) 2×5

1 □責・赦□・□税（　　）
2 連□・□帯・必□（　　）
3 □致・勧□・□導（　　）
4 □下・□落・□細（　　）
5 □縮・□結・□固（　　）

ア 卑　イ 圧　ウ 免　エ 誘　オ 排
カ 載　キ 零　ク 極　ケ 凝　コ 携

5 廉価（　　）―10 護身（　　）

（五） 次の漢字の部首をア～エから一つ選び、記号に○をせよ。 (10) 1×10

1 崩（ア 月　イ 一　ウ 山　エ 凵）
2 窒（ア 宀　イ 八　ウ 穴　エ 至）
3 扉（ア 一　イ 尸　ウ 戸　エ 隹）
4 喚（ア 口　イ 冂　ウ 大　エ 八）
5 房（ア 一　イ 尸　ウ 戸　エ 方）
6 冠（ア 冖　イ 寸　ウ 儿　エ 丿）
7 凝（ア 冫　イ 匕　ウ 矢　エ 疋）
8 桑（ア 又　イ 十　ウ 八　エ 木）
9 魂（ア 二　イ 厶　ウ 儿　エ 鬼）
10 某（ア 甘　イ 木　ウ 一　エ 二）

(六) 後の□内のひらがなを漢字に直して□に入れ、対義語・類義語を作れ。□内のひらがなは一度だけ使い、（　）に一字記入せよ。 (20) 2×10

対義語

1 辛勝―惜□（　）
2 伐採―□樹（　）
3 削除―添□（　）
4 利益―□害（　）
5 上昇―下□（　）

類義語

6 傍観―座□（　）
7 演習―□練（　）
8 釈明―□解（　）
9 薄情―□淡（　）
10 功績―手□（　）

(八) 文中の四字熟語の――線のカタカナを漢字に直せ。（　）に二字記入せよ。 (20) 2×10

1 長年の疑惑はウンサン霧消した。（　）
2 賢くてメイロウ快活な青年だ。（　）
3 キュウタイ依然の体制を改革する。（　）
4 シンシュツ鬼没の怪盗が現れた。（　）
5 連敗してシツボウ落胆している。（　）
6 佳人ハクメイとはよく言われる。（　）
7 温故チシンは学問に対する態度をいう。（　）
8 バスの遅延は日常サハンのことだ。（　）
9 学識豊かな博覧キョウキの秀才だ。（　）
10 緩急ジザイの投球で打者を抑えた。（　）

(十) 次の――線のカタカナを漢字に直せ。 (40) 2×20

1 新しい勢力がタイトウしてきた。（　）
2 被災地に食料をキョウキュウする。（　）
3 繁栄していたオウジをしのぶ。（　）
4 外見に比べて内容はヒンジャクだ。（　）
5 名月を仰いでハイクを詠む。（　）
6 シンコクな事態におちいった。（　）
7 不用意な発言でボケツを掘った。（　）
8 有害物質はキョヨウ量を超えている。（　）
9 新作の著書は来月にハッカンされる。（　）
10 外国の要人のケイゴを厳重にする。（　）

か・がら・くん・こう
し・しょく・そん・はい
べん・れい

（七）次の——線のカタカナを漢字一字と送りがな（ひらがな）に直せ。 (10) 2×5

〈例〉 窓をアケル。（開ける）

1 畑をタガヤシて種をまく。（　　）
2 十年ぶりに母校をタズネル。（　　）
3 次のマガリ角を右に折れる。（　　）
4 夜ふけまで友人とカタラウ。（　　）
5 燃える思いを心にヒメル。（　　）

（九）次の各文にまちがって使われている同じ読みの漢字が一字ある。上に誤字を、下に正しい漢字を記せ。 (10) 2×5

1 使い捨て時代といわれ、むだの多い消費は資源不足の危期をもたらす。（　）（　）
2 道路交通法は車の走行を重視するよりも歩行者誘先に転換するべきだ。（　）（　）
3 森林の無計画な伐採は自然の生態形を破壊し、地球温暖化を促進する。（　）（　）
4 月面探査衛星が月の背後から次第に姿を現す地球の営像を送信してきた。（　）（　）
5 最近増加している糖尿病は典係的な生活習慣病である。（　）（　）

11 朝からホガらかな一日だった。（　　）
12 小鳥の鳴き声で目がサめた。（　　）
13 老母を引き取って共にクらす。（　　）
14 西の空が夕日に赤くソまっている。（　　）
15 人口の都市集中はイチジルしい。（　　）
16 両手を合わせてご本尊をオガむ。（　　）
17 法のサバきを受けることとなった。（　　）
18 去年にクラベて弟は成長した。（　　）
19 発表会にソナえて練習しておく。（　　）
20 新しいメガネに買い換えた。（　　）

予想模擬テスト ⑤

解答には、常用《じょうよう》漢字の旧《きゅう》字体や表外漢字および常用漢字音訓表以外の読みを使ってはいけない。

時間 60分

合格点 140/200

得点

（一）次の——線の読みをひらがなで記せ。 (30) 1×30

1 市の文化財委員を委嘱された。（　　）
2 模型の帆船を作っている。（　　）
3 普段着は既製服で間に合わせる。（　　）
4 中央省庁に官吏として勤める。（　　）
5 彼らの陰謀はついに見破られた。（　　）
6 新しい文化が興隆する。（　　）
7 小さな画廊で個展を開く。（　　）
8 今は飽食の時代といわれる。（　　）
9 山間の険阻な坂道を登る。（　　）
10 古ぼけた裁縫箱が出てきた。（　　）
11 障害物を排除する作業だ。（　　）
12 俳人は漂泊の旅に出た。（　　）
13 本州を縦貫する高速道路だ。（　　）
14 国会が証人喚問をした。（　　）

（二）次の——線のカタカナにあてはまる漢字をそれぞれのア～オから一つ選び、記号で答えよ。 (30) 2×15

1 若者らしい気ガイをもつ。（　　）
2 悪口を言われるのは心ガイだ。（　　）
3 資格を有する者にガイ当する。（　　）
（ア害　イ外　ウ概　エ慨　オ該）

4 仏のジ愛に満ちたまなざしを仰ぐ。（　　）
5 他社の製品を類ジしている。（　　）
6 大活躍が世間のジ目を集めた。（　　）
（ア似　イ徐　ウ耳　エ慈　オ侍）

7 トビが緩やかなキ跡を描いて飛ぶ。（　　）
8 キ馬戦で白黒をつける。（　　）
9 祖父の三回キを済ませた。（　　）
（ア騎　イ軌　ウ棋　エ揮　オ忌）

（四）熟語の構成のしかたには次のようなものがある。 (20) 2×10

ア 同じような意味の漢字を重ねたもの（岩石）
イ 反対または対応の意味を表す字を重ねたもの（高低）
ウ 上の字が下の字を修飾しているもの（洋画）
エ 下の字が上の字の目的語・補語になっているもの（着席）
オ 上の字が下の字の意味を打ち消しているもの（非常）

次の熟語は右のア～オのどれにあたるか、一つ選び、記号で答えよ。

1 未完（　　）
2 粗雑（　　）
3 創業（　　）
4 鶏舎（　　）

6 既婚（　　）
7 緩急（　　）
8 排斥（　　）
9 阻止（　　）

15 生徒の作文を添削する。（　　）
16 高原で牧畜業を営んでいる。（　　）
17 大草原を馬群が疾駆する。（　　）
18 多くの障害を克服した。（　　）
19 二人は好一対のカップルだ。（　　）
20 天女のように美しい人だ。（　　）
21 車内で老人に座席を譲った。（　　）
22 子供は健やかに育っている。（　　）
23 ヨットの帆柱を立てる。（　　）
24 かわいい子豚の世話をする。（　　）
25 予定を手帳に控えておく。（　　）
26 車の往来が絶えない。（　　）
27 郷里で田舎暮らしをする。（　　）
28 冷たい時雨が降っている。（　　）
29 神社の宮司から話を聞いた。（　　）
30 家族で潮干狩りに出かけた。（　　）

10 キヨをつかれてうろたえた。（　　）
11 郊外に住キヨを定めた。（　　）
12 新党旗揚げのキヨに出た。（　　）
（ア 去　イ 巨　ウ 居　エ 虚　オ 挙）

13 前非をクいて正業に就く。（　　）
14 出費が予備費にクい込んだ。（　　）
15 利子を元金にクり入れる。（　　）
（ア 繰　イ 悔　ウ 組　エ 食　オ 朽）

（三） 1～5の三つの□に共通する漢字を入れて熟語を作れ。漢字はア～コから一つ選び、記号で答えよ。 (10) 2×5

1 消□・□下・脱□（　　）
2 自□・□待・残□（　　）
3 □素・□母・発□（　　）
4 □俗・□屈・尊□（　　）
5 □情・□腐・開□（　　）

ア 却　イ 滅　ウ 慕　エ 虐　オ 酵
カ 慢　キ 凡　ク 窒　ケ 陳　コ 卑

5 昇給（　　）　10 送迎（　　）

（五） 次の漢字の部首をア～エから一つ選び、記号に○をせよ。 (10) 1×10

1 炊（ア 丶　イ 火　ウ 人　エ 欠）
2 騎（ア 大　イ 口　ウ 馬　エ 灬）
3 奥（ア ノ　イ 冂　ウ 米　エ 大）
4 遭（ア 辶　イ 十　ウ 艹　エ 日）
5 愚（ア 心　イ 田　ウ 厶　エ 冂）
6 厘（ア 厂　イ 里　ウ 田　エ 一）
7 概（ア 旡　イ 木　ウ 艮　エ 九）
8 癖（ア 尸　イ 广　ウ 疒　エ 辛）
9 賊（ア 目　イ 十　ウ 戈　エ 貝）
10 郭（ア 阝　イ 亠　ウ 口　エ 子）

(六) 後の□内のひらがなを漢字に直して□に入れ、対義語・類義語を作れ。□内のひらがなは一度だけ使い、( )に一字記入せよ。 (20) 2×10

対義語

1 逮捕―釈□ ( )
2 沈下―隆□ ( )
3 踏襲―改□ ( )
4 猛暑―□寒 ( )
5 人造―天□ ( )

類義語

6 追憶―回□ ( )
7 辛酸―□苦 ( )
8 出納―□支 ( )
9 吉報―□報 ( )
10 突如―不□ ( )

(八) 文中の四字熟語の――線のカタカナを漢字に直せ。( )に二字記入せよ。 (20) 2×10

1 何度もシコウ錯誤を重ねて完成した。( )
2 投手のイッキョ一動を見守る。( )
3 便利さとダンイ飽食に慣れた時代だ。( )
4 大事を前にコック勉励の日々である。( )
5 好景気でジュンプウ満帆の勢いだ。( )
6 落選して意気ショウチンしている。( )
7 今後のことは五里ムチュウだ。( )
8 度胸のある大胆フテキな振る舞いだ。( )
9 夜ふけまで炉辺ダンワの花が咲く。( )
10 ゴショウ大事にしまいこんだ。( )

(十) 次の――線のカタカナを漢字に直せ。 (40) 2×20

1 祝賀会をセイダイに催した。( )
2 薬のコウノウが現れた。( )
3 枯山水のテンケイ的な日本庭園だ。( )
4 ここ数年でカクダンに進歩した。( )
5 余分な水分をジョウハツさせる。( )
6 並外れたズノウの持ち主だ。( )
7 あれこれとサクリャクを巡らした。( )
8 パソコンのソウサに習熟している。( )
9 取引のケッサイ日が近づいている。( )
10 会場使用のキョカをもらう。( )

い・かく・き・げん
こん・しゅう・そう
ねん・ほう・ろう

（七）次の――線のカタカナを漢字一字と送りがな（ひらがな）に直せ。 (10) 2×5

〈例〉 窓をアケル。 （開ける）

1 ついにヨロコバシイ成果が出た。（　）
2 本当かどうかタシカメル。（　）
3 千円もあればタリルと思う。（　）
4 得意そうに胸をソラス。（　）
5 大群をヒキイテ攻め込んだ。（　）

（九）次の各文にまちがって使われている同じ読みの漢字が一字ある。上に誤字を、下に正しい漢字を記せ。 (10) 2×5

1 諸国の外交使節団が歴代の皇帝に贈った財宝が美術館に典示されている。（　）（　）
2 広般囲に渡る多様な宣伝活動をして売り上げの倍増を期待する。（　）（　）
3 茶道・華道や織り紙などを通して日本の伝統文化を紹介する。（　）（　）
4 画壇の巨匠は和洋の技法を駆使して美しい色張の大作を仕上げた。（　）（　）
5 次回の競技大会の活躍を期し、体調を整えて春季キャンプに望んだ。（　）（　）

11 人の流れにサカらって歩く。（　）
12 国道にソって南下してください。（　）
13 脱出をココロみたが無理だった。（　）
14 長年住みナれた土地を離れる。（　）
15 とんだシロモノをつかまされた。（　）
16 旅先からの便りがトドいた。（　）
17 一休みしてヒタイの汗をぬぐう。（　）
18 弁護士をココロザして法学部に入った。（　）
19 さわやかなエガオが印象的だ。（　）
20 おミヤゲを持って帰ってきた。（　）

予想模擬テスト 6

解答には、常用《じょうよう》漢字の旧《きゅう》字体や表外漢字および常用漢字音訓表以外の読みを使ってはいけない。

時間 60分

合格点 140/200

得点

(一) 次の——線の読みをひらがなで記せ。 (30) 1×30

1 人事異動で課長に昇進した。（　）
2 議会で緊急動議が採択された。（　）
3 牧場で搾乳の見学をした。（　）
4 人心を掌握することは困難だ。（　）
5 準備の資金が欠乏してきた。（　）
6 能を鑑賞して幽玄の世界に触れる。（　）
7 決死の覚悟で事に当たる。（　）
8 甘美なメロディに陶酔した。（　）
9 質素と倹約を心掛けている。（　）
10 室内での喫煙は禁止する。（　）
11 年末に家中の大掃除をした。（　）
12 相続の権利を放棄する。（　）
13 最新式の炊飯器を買った。（　）
14 勝率一厘差で首位に立った。（　）

(二) 次の——線のカタカナにあてはまる漢字をそれぞれのア～オから一つ選び、記号で答えよ。 (30) 2×15

1 カン然として悪に立ち向かう。（　）
2 高速道のトンネルがカン通した。（　）
3 諸般の事情をカン案する。（　）
（ア 肝　イ 敢　ウ 冠　エ 勘　オ 貫）

4 純スイな気持ちから出た行為だ。（　）
5 高熱が続いて身体がスイ弱した。（　）
6 任務を直ちにスイ行する。（　）
（ア 炊　イ 遂　ウ 粋　エ 酔　オ 衰）

7 話はカ境に入ってきた。（　）
8 豪カ客船が入港した。（　）
9 どの子にもカ不足なく与える。（　）
（ア 過　イ 加　ウ 仮　エ 佳　オ 華）

(四) 熟語の構成のしかたには次のようなものがある。 (20) 2×10

ア 同じような意味の漢字を重ねたもの（岩石）
イ 反対または対応の意味を表す字を重ねたもの（高低）
ウ 上の字が下の字を修飾しているもの（洋画）
エ 下の字が上の字の目的語・補語になっているもの（着席）
オ 上の字が下の字の意味を打ち消しているもの（非常）

次の熟語は右のア～オのどれにあたるか、一つ選び、記号で答えよ。

1 昇降（　）
2 抱擁（　）
3 未明（　）
4 雅俗（　）
6 長幼（　）
7 覆面（　）
8 稚魚（　）
9 苗床（　）

15 胃液の分泌が少ないと言われた。（　）
16 尿意を催して席を外した。（　）
17 実現性のない砂上の楼閣のような案だ。（　）
18 煙に巻かれて窒息しそうだ。（　）
19 大名のことを藩主といった。（　）
20 心中に複雑な感情が交錯する。（　）
21 甲高いファンの声援を浴びる。（　）
22 災害を招く憂いがある。（　）
23 開会の式典は滞りなく終了した。（　）
24 身を削るような思いをした。（　）
25 株価の下落を抑える。（　）
26 織り目の粗い布地だ。（　）
27 一杯の水がのどを潤した。（　）
28 目的を遂げるまでがんばる。（　）
29 申し込みは本日で締め切る。（　）
30 寒さが少し緩んできた。（　）

10 文化会館でホウ楽の演奏会がある。（　）
11 祖母の裁ホウ箱が出てきた。（　）
12 ホウ漁で浜はにぎわった。（　）
（ア 飽　イ 豊　ウ 邦　エ 縫　オ 奉）

13 おすしをサげて帰る。（　）
14 落雷で木の幹がサけた。（　）
15 胸をサす痛烈な一言だ。（　）
（ア 提　イ 刺　ウ 避　エ 指　オ 裂）

（三）1～5の三つの□に共通する漢字を入れて熟語を作れ。漢字はア～コから一つ選び、記号で答えよ。 (10) 2×5

1 □愛・□善・□母（　）
2 遺□・□権・破□（　）
3 □暴・□野・□食（　）
4 異□・連□・□人（　）
5 □労・□霊・□謝料（　）

ア 凶　イ 慈　ウ 跡　エ 粗　オ 棄
カ 邦　キ 恋　ク 慰　ケ 娯　コ 苦

5 空虚（　）
10 不況（　）

（五）次の漢字の部首をア～エから一つ選び、記号に○をせよ。 (10) 1×10

1 袋（ア 亻　イ 弋　ウ 亠　エ 衣）
2 緊（ア 匚　イ 又　ウ 糸　エ 臣）
3 罰（ア 罒　イ 言　ウ 口　エ 刂）
4 哲（ア 扌　イ 十　ウ 口　エ 斤）
5 諾（ア 言　イ 艹　ウ ノ　エ 口）
6 穏（ア 木　イ 禾　ウ 爫　エ 心）
7 超（ア 走　イ 刀　ウ 口　エ 疋）
8 慰（ア 尸　イ 示　ウ 寸　エ 心）
9 徴（ア 山　イ 彳　ウ 王　エ 攵）
10 奪（ア 大　イ 人　ウ 隹　エ 寸）

（六） 後の□内のひらがなを漢字に直して□に入れ、対義語・類義語を作れ。□内のひらがなは一度だけ使い、（　）に一字記入せよ。 (20) 2×10

対義語

1 水平―鉛□（　）
2 超過―未□（　）
3 地獄―□楽（　）
4 劣悪―□良（　）
5 侵害―擁□（　）

類義語

6 詠嘆―感□（　）
7 大綱―概□（　）
8 沈着―□静（　）
9 鼓舞―□励（　）
10 恒久―永□（　）

（八） 文中の四字熟語の――線のカタカナを漢字に直せ。（　）に二字記入せよ。 (20) 2×10

1 登山計画をヨウイ周到に立てる。（　）
2 大した相手ではないがユダン大敵だ。（　）
3 各人の興味や趣味はセンサ万別だ。（　）
4 コウジョ良俗に反してはならない。（　）
5 人々はイク同音に反対を唱えた。（　）
6 リーダーとしてソッセン垂範する。（　）
7 政党は離合シュウサンを繰り返す。（　）
8 作品には創意クフウの跡が見られる。（　）
9 世情は暗雲テイメイの状態を脱した。（　）
10 ハチに襲われ無我ムチュウで逃げた。（　）

（十） 次の――線のカタカナを漢字に直せ。 (40) 2×20

1 敏速カダンな戦法が功を奏した。（　）
2 サケはサンランのために川に帰る。（　）
3 各人の自由サイリョウに任せる。（　）
4 記念碑のジョマク式があった。（　）
5 著書のカンマツに略歴を記す。（　）
6 原稿を半分にアッシュクして要約する。（　）
7 趣旨に賛同してカメイする。（　）
8 全員がケッソクして危機を乗り切った。（　）
9 帰りの車にビンジョウさせてもらう。（　）
10 事務機器の無断シャクヨウを禁じる。（　）

えん・げき・ご・ごく
ちょく・どう・まん
ゆう・りゃく・れい

（七）次の――線のカタカナを漢字一字と送りがな（ひらがな）に直せ。(10) 2×5

〈例〉窓をアケル。（開ける）

1 彼は少々アツカマシイ男だ。（　　）
2 風雲急をツゲル情勢だ。（　　）
3 不注意によるミスを強くセメル。（　　）
4 会議の議長をツトメル。（　　）
5 人の道にハズレルことはしない。（　　）

（九）次の各文にまちがって使われている同じ読みの漢字が一字ある。上に誤字を、下に正しい漢字を記せ。(10) 2×5

1 病院での携体電話の使用は医療機器への影響を考えて禁止している。（　）（　）
2 翻訳されて海外で出版された日本の文豪の名作が各地で大好表を博した。（　）（　）
3 砂糖を控えて甘さを抑え、材量の味を生かした和菓子が出来上がった。（　）（　）
4 画家は帰国報告を兼ねた個展を開いてパリ遊学の成価を世に問うた。（　）（　）
5 ゴキブリは台所のすみなどに衆団で潜伏していて夜間に活動を始める。（　）（　）

11 成功をアヤぶむ声もある。（　　）
12 美しい風景をカメラにオサめる。（　　）
13 部屋をきれいにトトノえておく。（　　）
14 一心に念仏をトナえる。（　　）
15 神社に赤いトリイがある。（　　）
16 小説家がオい立ちの記を著した。（　　）
17 疑惑はハイイロのままで終わった。（　　）
18 定年で会社をヤめることになった。（　　）
19 ユザましで薬を飲んだ。（　　）
20 新しいふとんでココチよく眠れた。（　　）

予想模擬テスト ７

解答には、常用《じょうよう》漢字の旧《きゅう》字体や表外漢字および常用漢字音訓表以外の読みを使ってはいけない。

時間 60分
合格点 140/200
得点

（一） 次の――線の読みをひらがなで記せ。 (30) 1×30

1 新しい時代の胎動を感じる。（　　）
2 改革を説く論文に啓発された。（　　）
3 接戦で緊迫した場面が続く。（　　）
4 研究の克明な記録を残す。（　　）
5 犯人は国内に潜伏している。（　　）
6 辞書の改訂版が出た。（　　）
7 戸を閉めて錠を掛けた。（　　）
8 消化酵素を含んだ胃薬です。（　　）
9 妹は幼稚園にいっている。（　　）
10 テレビの娯楽番組を見ている。（　　）
11 この道路は駐車禁止です。（　　）
12 応援弁士として登壇した。（　　）
13 国運は若者の双肩にかかっている。（　　）
14 並外れて虚栄心が強い人だ。（　　）

（二） 次の――線のカタカナにあてはまる漢字をそれぞれのア～オから一つ選び、記号で答えよ。 (30) 2×15

1 婚礼の祝エンに招待された。（　　）
2 真夏のエン天下を歩かされた。（　　）
3 よいごエンがあるようにと祈る。（　　）
（ア 延　イ 宴　ウ 縁　エ 演　オ 炎）

4 この地方に伝わる民ヨウだ。（　　）
5 喜びの固い抱ヨウを交わした。（　　）
6 心の動ヨウは隠しきれない。（　　）
（ア 擁　イ 謡　ウ 溶　エ 踊　オ 揺）

7 今度はシ雄を決する戦いだ。（　　）
8 家畜のシ料を備蓄しておく。（　　）
9 首相がシ政方針を発表した。（　　）
（ア 祉　イ 諮　ウ 雌　エ 飼　オ 施）

（四） 熟語の構成のしかたには次のようなものがある。 (20) 2×10

ア 同じような意味の漢字を重ねたもの （岩石）
イ 反対または対応の意味を表す字を重ねたもの （高低）
ウ 上の字が下の字を修飾しているもの （洋画）
エ 下の字が上の字の目的語・補語になっているもの （着席）
オ 上の字が下の字の意味を打ち消しているもの （非常）

次の熟語は右のア～オのどれにあたるか、一つ選び、記号で答えよ。

1 祈念（　　）
2 点灯（　　）
3 吉凶（　　）
4 乾湿（　　）

6 養豚（　　）
7 未熟（　　）
8 耐震（　　）
9 開墾（　　）

15 海外の企業との提携を図る。（　）
16 両国の国境は封鎖された。（　）
17 日本文化の神髄に触れる。（　）
18 妻の父親を岳父という。（　）
19 審査の基準がかなり緩和された。（　）
20 荷造りに粘着テープが役に立つ。（　）
21 彼は闘志の塊のような選手だ。（　）
22 手洗いの水が漏れている。（　）
23 バラの苗木を数本買ってきた。（　）
24 「罪を憎んで人を憎まず」という。（　）
25 華やかな花嫁姿だった。（　）
26 事業に成功する事は請け合いだ。（　）
27 ろうそくの炎が揺れている。（　）
28 お月見の催しに参加した。（　）
29 今回は背水の陣で臨む。（　）
30 今日は行楽に都合のよい日和だ。（　）

10 被災地に食リョウを運ぶ。（　）
11 湯治場でリョウ養する。（　）
12 演技に魅リョウされた。（　）

（ア 糧　イ 療　ウ 陵　エ 了　オ 猟）

13 型紙に合わせて布地をタつ。（　）
14 望郷の思いはタち難い。（　）
15 山菜入りのタき込み御飯だ。（　）

（ア 断　イ 絶　ウ 炊　エ 垂　オ 裁）

（三） 1～5の三つの□に共通する漢字を入れて熟語を作れ。漢字はア～コから一つ選び、記号で答えよ。 (10) 2×5

1 歌□・□文・石□（　）
2 □別・哀□・□敗（　）
3 □劣・暗□・□問（　）
4 □在・停□・□納（　）
5 討□・□採・濫□（　）

ア 議　イ 詞　ウ 愚　エ 駐　オ 滞
カ 離　キ 惜　ク 卑　ケ 碑　コ 伐

5 華道（　）　10 長寿（　）

（五） 次の漢字の部首をア～エから一つ選び、記号に○をせよ。 (10) 1×10

1 獲（ア 犭　イ 艹　ウ 隹　エ 又）
2 糧（ア 日　イ 米　ウ 里　エ 土）
3 墾（ア ⺤　イ 犭　ウ 土　エ 艮）
4 赴（ア 土　イ 走　ウ ト　エ ノ）
5 術（ア 亻　イ 彳　ウ 行　エ 木）
6 募（ア 艹　イ 日　ウ 大　エ 力）
7 鼓（ア 士　イ 口　ウ 鼓　エ 支）
8 吉（ア 一　イ 十　ウ 口　エ 士）
9 就（ア 亠　イ 口　ウ 小　エ 尢）
10 牲（ア ノ　イ 牛　ウ 生　エ 扌）

（六）後の□内のひらがなを漢字に直して□に入れ、対義語・類義語を作れ。□内のひらがなは一度だけ使い、（　）に一字記入せよ。(20) 2×10

対義語

1 束縛――□放（　）
2 保守――□新（　）
3 介入――傍□（　）
4 概要――詳□（　）
5 悪魔――天□（　）

類義語

6 幽閉――監□（　）
7 健闘――□戦（　）
8 了解――□知（　）
9 誘導――□内（　）
10 不穏――□悪（　）

（八）文中の四字熟語の――線のカタカナを漢字に直せ。（　）に二字記入せよ。(20) 2×10

1 キキ一髪で惨事をまぬかれた。（　）
2 思わぬ朗報にハガン一笑した。（　）
3 事故はシュウジン環視の中で起きた。（　）
4 チョクジョウ径行で思慮に欠ける。（　）
5 不用意な一言がギシン暗鬼を招いた。（　）
6 相手に理路セイゼンと抗弁した。（　）
7 彼女は一枚カンバンの役者だ。（　）
8 難題を熟慮ダンコウで解決した。（　）
9 千慮イッシツで痛い目にあった。（　）
10 めでたく一件ラクチャクと相成った。（　）

（十）次の――線のカタカナを漢字に直せ。(40) 2×20

1 司法試験のナンカンを突破した。（　）
2 情勢のスイイを見守る。（　）
3 凶悪犯罪多発のヨウインを調べる。（　）
4 予期せぬ問題がハセイしてきた。（　）
5 審議会が内閣にトウシンを出した。（　）
6 海はカンチョウで砂浜が広がる。（　）
7 鍛え上げたコウテツのような肉体。（　）
8 寄らばタイジュの陰。（　）
9 古い年代物でキショウ価値の高い品だ。（　）
10 久し振りに家族を連れてキセイした。（　）

あん・かい・かく・かん
きん・けん・さい・し
しょう・ぜん

（七）次の――線のカタカナを漢字一字と送りがな（ひらがな）に直せ。 (10) 2×5

〈例〉 窓をアケル。 （開ける）

1 休みをとって英気をヤシナウ。 （ ）
2 山道は次第にケワシクなってきた。 （ ）
3 金銀財宝のありかをサグル。 （ ）
4 頼みをココロヨク引き受けてくれた。 （ ）
5 年がアラタマリ、新年を迎えた。 （ ）

（九）次の各文にまちがって使われている同じ読みの漢字が一字ある。上に誤字を、下に正しい漢字を記せ。 (10) 2×5

1 地下鉄の駅構内は集日禁煙を実施していますのでご協力をお願いします。 （ ）（ ）
2 貨物船の接触事故で船体から重油が流出し、海の汚洗が憂慮されている。 （ ）（ ）
3 歴史書には史実にあわせて著者の世界観・人生観が透影されている。 （ ）（ ）
4 日本の代表選手としての責任を痛感し、勢一杯がんばる覚悟です。 （ ）（ ）
5 風邪の予防は規則正しい生活の確保と手荒いの励行にある。 （ ）（ ）

11 大根をワギリにして煮付ける。 （ ）
12 時間をかけて議案をネり直す。 （ ）
13 大事にイタらないように注意する。 （ ）
14 話し合いはオオスジで合意した。 （ ）
15 劇団を結成してハタ揚げ公演を行う。 （ ）
16 子は親にニるという。 （ ）
17 桑の葉を摘んでカイコを飼っていた。 （ ）
18 難敵をあっさりとシリゾけた。 （ ）
19 冷蔵庫に入れて鮮度をタモつ。 （ ）
20 天高く馬コゆる秋 （ ）

予想模擬テスト 8

解答には、常用《じょうよう》漢字の旧《きゅう》字体や表外漢字および常用漢字音訓表以外の読みを使ってはいけない。

時間 60分

合格点 140/200

得点

(一) 次の——線の読みをひらがなで記せ。 (30) 1×30

1 両国は平和条約を締結した。（　）
2 住民の同意を得て実施する。（　）
3 異端者だとして排斥された。（　）
4 私の視力は裸眼で1・0です。（　）
5 不正行為が発覚し解雇された。（　）
6 観客席から喚声が上がった。（　）
7 新幹線の車掌をしている。（　）
8 神社に農作物を奉納する。（　）
9 趣味は将棋とテニスです。（　）
10 お祝いの宴席に招かれた。（　）
11 ユーモアが随所に出ていた。（　）
12 幸いにも擦過傷ですんだ。（　）
13 王朝は衰退の一途をたどった。（　）
14 電話線の架設工事をする。（　）

(二) 次の——線のカタカナにあてはまる漢字をそれぞれのア～オから一つ選び、記号で答えよ。 (30) 2×15

1 ご高見を拝チョウします。（　）
2 制限時間をチョウ過した。（　）
3 全員から会費をチョウ収する。（　）
（ア徴　イ超　ウ聴　エ彫　オ調）

4 音楽界の巨ショウだ。（　）
5 ミスを犯しショウ燥を感じる。（　）
6 時代に警ショウを鳴らす。（　）
（ア鐘　イ掌　ウ衝　エ匠　オ焦）

7 すばらしい演奏にトウ酔した。（　）
8 魚を冷トウして保存する。（　）
9 年度始めに出トウ簿を買った。（　）
（ア倒　イ凍　ウ納　エ陶　オ痘）

(四) 熟語の構成のしかたには次のようなものがある。 (20) 2×10

ア 同じような意味の漢字を重ねたもの （岩石）
イ 反対または対応の意味を表す字を重ねたもの （高低）
ウ 上の字が下の字を修飾しているもの （洋画）
エ 下の字が上の字の目的語・補語になっているもの （着席）
オ 上の字が下の字の意味を打ち消しているもの （非常）

次の熟語は右のア～オのどれにあたるか、一つ選び、記号で答えよ。

1 援助（　）
2 確信（　）
3 苦慮（　）
4 無縁（　）
6 孤独（　）
7 起伏（　）
8 安危（　）
9 撮影（　）

15 夜空の北斗七星を仰ぐ。（　　）
16 急ぎの連絡は携帯電話でします。（　　）
17 三年振りに優勝旗を奪回した。（　　）
18 食料不足で餓死する人も出た。（　　）
19 現住所は本籍地と同じです。（　　）
20 発想が陳腐なので相手にされない。（　　）
21 息を凝らして見つめる。（　　）
22 司会者に促されて発言した。（　　）
23 振りそでで華やかに着飾る。（　　）
24 その場を繕って立ち去った。（　　）
25 焼き魚が黒焦げになった。（　　）
26 冬空に高くたこが揚がる。（　　）
27 魚つりに友達を誘った。（　　）
28 人にはなくて七癖という。（　　）
29 出世街道まっしぐらだ。（　　）
30 児童の父兄として出席した。（　　）

10 在庫を一ソウすることができた。（　　）
11 冬は空気が乾ソウしている。（　　）
12 ソウ方の言い分をよく聞く。（　　）
（ア双　イ操　ウ騒　エ燥　オ掃）
13 節約して貯金をフやす。（　　）
14 事実をフまえて発言する。（　　）
15 現住所をフせておく。（　　）
（ア振　イ殖　ウ踏　エ伏　オ触）

（三）1～5の三つの□に共通する漢字を入れて熟語を作れ。漢字はア～コから一つ選び、記号で答えよ。　(10) 2×5

1 委□・□与・分□（　　）
2 □子・利□・室□（　　）
3 満□・□茶・□煙（　　）
4 屈□・恥□・雪□（　　）
5 □衆・傍□・盗□（　　）

ア粒　イ任　ウ喫　エ伏　オ聴
カ観　キ息　ク辱　ケ点　コ譲

5 提案（　　）—10 過誤（　　）

（五）次の漢字の部首をア～エから一つ選び、記号に○をせよ。　(10) 1×10

1 倣（ア方　イ亻　ウ攵　エ又）
2 慨（ア旡　イ忄　ウ艮　エ儿）
3 封（ア土　イ寸　ウ十　エ一）
4 陵（ア阝　イ土　ウ八　エ夂）
5 企（ア一　イ土　ウ人　エ止）
6 戯（ア虍　イト　ウ弋　エ戈）
7 執（ア乙　イノ　ウ土　エ干）
8 葬（ア歹　イ匕　ウ艹　エ廾）
9 畳（ア田　イ冖　ウ目　エ一）
10 疾（ア疒　イ广　ウ二　エ矢）

（六）後の□内のひらがなを漢字に直して□に入れ、対義語・類義語を作れ。□内のひらがなは一度だけ使い、（　）に一字記入せよ。

(20) 2×10

対義語

1 精密―粗□（　）
2 濃厚―□薄（　）
3 衰微―□隆（　）
4 豪華―□素（　）
5 冒頭―□尾（　）

類義語

6 次第―順□（　）
7 漂泊―□浪（　）
8 陳情―請□（　）
9 落胆―失□（　）
10 克明―丹□（　）

（八）文中の四字熟語の――線のカタカナを漢字に直せ。（　）に二字記入せよ。

(20) 2×10

1 人里離れたシンザン幽谷の地だ。（　）
2 白熱の対戦にイッキ一憂する。（　）
3 晩年は老成エンジュクの作風になった。（　）
4 ジゴ承諾でかんべんしてください。（　）
5 復旧工事はチュウヤ兼行で完成した。（　）
6 優柔フダンで煮えきらない男だ。（　）
7 これはセンザイ一遇のチャンスだ。（　）
8 事の成行きに臨機オウヘンに対処する。（　）
9 合格を祈願して奮励ドリョクする。（　）
10 堅実で前途ユウボウな若者だ。（　）

（十）次の――線のカタカナを漢字に直せ。

(40) 2×20

1 宇宙タンサの衛星を打ち上げる。（　）
2 緊急ジタイに備えておく。（　）
3 従来の方針にギネンを抱く。（　）
4 新製品のセンデンに力を入れる。（　）
5 世情はコンメイの度を深めている。（　）
6 善悪をシキベツする能力を養う。（　）
7 世間の厳しいヒハンにさらされた。（　）
8 古いアルバムを見てカンショウに浸る。（　）
9 政党のカンジ長に就任した。（　）
10 人はそれぞれのカチ観を持っている。（　）

がん・き・こう・ざつ
しっ・じょ・ねん・ほう
ぼう・まつ

（七）次の——線のカタカナを漢字一字と送りがな（ひらがな）に直せ。 (10) 2×5

〈例〉 窓をアケル。（開ける）

1 規則を新たにモウケル。（　　）
2 かつては門前町としてサカエた。（　　）
3 病床の母の看護にツトメル。（　　）
4 けがのなかったのがサイワイだった。（　　）
5 一点をめぐってハゲシク争う。（　　）

（九）次の各文にまちがって使われている同じ読みの漢字が一字ある。上に誤字を、下に正しい漢字を記せ。 (10) 2×5

1 相手や状況によって適切に敬語を使うことで人間関係が援滑になる。（　）（　）
2 慣れない力仕事を長時間続けたので、開くる日は筋肉痛になっていた。（　）（　）
3 ユネスコは無形文化違産の指定対象に日本の能楽などを選定した。（　）（　）
4 移動性の高気圧に覆われて、太平洋側は前般的に晴れるでしょう。（　）（　）
5 たとえ億を超える大金を詰まれても先祖伝来の家宝は手放さない。（　）（　）

11 夕日が西空をクレナイに染める。（　　）
12 外国の大学で博士課程をオサめる。（　　）
13 目のカタキにして憎み続けた。（　　）
14 就職は人生の大きなフシメである。（　　）
15 ハナラびの美しい少女だ。（　　）
16 食肉用の豚をカっている。（　　）
17 遊園地のおバけ屋敷に行った。（　　）
18 男性が占めるワリアイの大きい職場だ。（　　）
19 美容院で日本髪にユってもらった。（　　）
20 晩秋の冷たいシグレが降る。（　　）

予想模擬テスト 9

解答には、常用《じょうよう》漢字の旧《きゅう》字体や表外漢字および常用漢字音訓表以外の読みを使ってはいけない。

時間 60分
合格点 140/200
得点

(一) 次の――線の読みをひらがなで記せ。 (30) 1×30

1 パスポートを申請する。（　）
2 政府の諮問委員に選ばれた。（　）
3 借金の返済を催促された。（　）
4 風光絶佳で知られた場所だ。（　）
5 家庭では冷凍庫で保管する。（　）
6 古代王家の陵墓を調査する。（　）
7 全員無事との吉報が入った。（　）
8 巧妙な手口にだまされた。（　）
9 魅惑的なメロディに酔う。（　）
10 ビルの昇降口にいます。（　）
11 親子の愛憎を描いた小説だ。（　）
12 公園に記念碑を建てる。（　）
13 暴動は程なく鎮圧された。（　）
14 社会福祉が整っている。（　）

(二) 次の――線のカタカナにあてはまる漢字をそれぞれのア～オから一つ選び、記号で答えよ。 (30) 2×15

1 イ儀を正して式典に臨む。（　）
2 休みを無イに過ごしたくない。（　）
3 引退を表明したがイ留された。（　）
（ア維　イ威　ウ為　エ依　オ慰）

4 森林伐サイで環境が破壊される。（　）
5 多サイな顔触れがそろった。（　）
6 多額の負サイを抱えて倒産した。（　）
（ア彩　イ催　ウ載　エ採　オ債）

7 ヒ近な例を引いて説明する。（　）
8 働き過ぎでヒ労の色が濃い。（　）
9 強風で山小屋にヒ難した。（　）
（ア被　イ碑　ウ疲　エ避　オ卑）

(四) 熟語の構成のしかたには次のようなものがある。 (20) 2×10

ア 同じような意味の漢字を重ねたもの（岩石）
イ 反対または対応の意味を表す字を重ねたもの（高低）
ウ 上の字が下の字を修飾しているもの（洋画）
エ 下の字が上の字の目的語・補語になっているもの（着席）
オ 上の字が下の字の意味を打ち消しているもの（非常）

次の熟語は右のア～オのどれにあたるか、一つ選び、記号で答えよ。

1 冒険（　）
2 即断（　）
3 非凡（　）
4 狭義（　）
6 求婚（　）
7 精読（　）
8 朗報（　）
9 是非（　）

15 ついに仲間からも孤立した。（　　）
16 事情を聞いて了承した。（　　）
17 組織の中軸となって活躍する。（　　）
18 地震で地盤が隆起した。（　　）
19 発送を運輸業者に委託する。（　　）
20 純粋な気持ちで人に尽くす。（　　）
21 多くの有益な書物を著した。（　　）
22 電化製品を卸値で買った。（　　）
23 論点を一つに絞って討議する。（　　）
24 客の注文に速やかに対応する。（　　）
25 ズボンのすそが擦り切れた。（　　）
26 何一つ恨みに思うことはない。（　　）
27 船は既に港を離れていた。（　　）
28 卒業記念の写真を撮った。（　　）
29 四十七士は主君のかたきを討った。（　　）
30 土産のお菓子をいただく。（　　）

10 商品の代金をセイ求する。（　　）
11 災害で犠セイ者が出た。（　　）
12 桃太郎は鬼をセイ伐した。（　　）
（ア 牲　イ 征　ウ 請　エ 勢　オ 姓）

13 暴言で批判をアびた。（　　）
14 自慢話は聞きアきた。（　　）
15 表彰式で国旗がアがる。（　　）
（ア 遭　イ 浴　ウ 荒　エ 飽　オ 揚）

（三）1～5の三つの□に共通する漢字を入れて熟語を作れ。漢字はア～コから一つ選び、記号で答えよ。(10) 2×5

1 □除・□水・□斥（　　）
2 □魂・□感・亡□（　　）
3 陰□・□気・□潤（　　）
4 □略・□念・気□（　　）
5 □婚・□知・□製服（　　）

ア 侵	イ 未	ウ 排	エ 霊	オ 削
カ 闘	キ 概	ク 既	ケ 謀	コ 湿

5 得失（　　）
10 依頼（　　）

（五）次の漢字の部首をア～エから一つ選び、記号に○をせよ。(10) 1×10

1 **憩**（ア 自　イ 舌　ウ 口　エ 心）
2 **岳**（ア 丿　イ 一　ウ 山　エ 斤）
3 **畔**（ア 八　イ 田　ウ 十　エ 二）
4 **趣**（ア 土　イ 走　ウ 耳　エ 又）
5 **影**（ア 彡　イ 日　ウ 亠　エ 小）
6 **瞬**（ア 目　イ 爫　ウ 冖　エ 舛）
7 **幻**（ア 幺　イ 厶　ウ 玄　エ 亅）
8 **裏**（ア 亠　イ 田　ウ 里　エ 衣）
9 **遵**（ア 西　イ 酉　ウ 寸　エ 辶）
10 **簿**（ア 氵　イ ⺮　ウ 寸　エ 田）

(六) 後の□内のひらがなを漢字に直して□に入れ、対義語・類義語を作れ。□内のひらがなは一度だけ使い、（　）に一字記入せよ。 (20) 2×10

対義語

1 例外—□則（　）
2 阻害—□長（　）
3 優雅—粗□（　）
4 許可—□止（　）
5 促進—抑□（　）

類義語

6 用心—□戒（　）
7 了承—許□（　）
8 鎮圧—平□（　）
9 伝道—□教（　）
10 折衝—談□（　）

(八) 文中の四字熟語の——線のカタカナを漢字に直せ。（　）に二字記入せよ。 (20) 2×10

1 容体はショウコウ状態を保っている。（　）
2 記者会見でトウイ即妙に応答した。（　）
3 スピーチにはビジ麗句が目立った。（　）
4 すべてエンテン滑脱に進行している。（　）
5 住職から寺宝の故事ライレキを聞いた。（　）
6 犯行の一部シジュウが語られた。（　）
7 受賞者のメンモク躍如たる新作だ。（　）
8 弱者を標的にするとは言語ドウダンだ。（　）
9 空前ゼツゴの大事件だ。（　）
10 行雲リュウスイの境地に達する。（　）

(十) 次の——線のカタカナを漢字に直せ。 (40) 2×20

1 母校のエンカク史が発行された。（　）
2 研究発表のシリョウを作成する。（　）
3 申し出をテイサイよく断った。（　）
4 年齢別人口のトウケイをとる。（　）
5 売れ行き好調でシュウエキが上がった。（　）
6 病院のカンゴ師をしている。（　）
7 自然保護団体がソウセツされた。（　）
8 テキストとルイジした問題が出た。（　）
9 カエルに成長するカテイを観察する。（　）
10 広場でモケイ飛行機を飛ばした。（　）

きょ・きん・けい・げん
じょ・せい・てい・ぱん
ふ・や

（七）次の——線のカタカナを漢字一字と送りがな（ひらがな）に直せ。 (10) 2×5

〈例〉 窓をアケル。 （開ける）

1 舞台狭しとアバレまくった。 （　　）
2 谷川のキヨラカナ水をくむ。 （　　）
3 おもわず顔をソムケル。 （　　）
4 縁日の夜店をヒヤカシて回る。 （　　）
5 いつも笑顔をタヤスことはない。 （　　）

（九）次の各文にまちがって使われている同じ読みの漢字が一字ある。上に誤字を、下に正しい漢字を記せ。 (10) 2×5

1 今世紀は情報通信分野が可速度的な発達を遂げ、日常生活に浸透する。 （　）（　）
2 地方の支店に単身赴任することが決まり、駅前に小部屋を貸りた。 （　）（　）
3 宿泊客たちは風味豊かで味自慢の郷土料理に下つづみを打った。 （　）（　）
4 脱税した企業に荷せられた追徴金の総額は膨大なものであった。 （　）（　）
5 日系企業の進出著しい中国には、米国在留邦人に継ぐ数の日本人が暮らす。 （　）（　）

11 晴れ着姿を鏡にウツして見る。 （　　）
12 ひざのキズグチを消毒する。 （　　）
13 指定された席にスワって順番を待つ。 （　　）
14 閉会の時間が予定よりノびた。 （　　）
15 リフレッシュして英気をヤシナう。 （　　）
16 勝利のメガミがほほえむ。 （　　）
17 調査結果から結論をミチビき出す。 （　　）
18 幾度か生死のサカイをさまよった。 （　　）
19 気持ちだけがカラ回りで前進しない。 （　　）
20 公園のモミジも色づいてきた。 （　　）

予想模擬テスト 10

解答には、常用《じょうよう》漢字の旧《きゅう》字体や表外漢字および常用漢字音訓表以外の読みを使ってはいけない。

時間 60分
合格点 140/200
得点

（一）次の――線の読みをひらがなで記せ。 (30) 1×30

1 難局に敢然と立ち向かう。（　）
2 将来を嘱望された青年だ。（　）
3 抑揚をつけて詩の朗読をする。（　）
4 事実は話の内容と符合していた。（　）
5 夫婦の愛の結晶が誕生した。（　）
6 裁判官を忌避する。（　）
7 物品の出納を帳簿につける。（　）
8 合唱のピアノ伴奏をする。（　）
9 少々の事で卑屈にならない。（　）
10 今回に限り廉価で販売します。（　）
11 ゴッホの絵画に心酔する。（　）
12 故人の篤実な人柄をしのぶ。（　）
13 動物を虐待してはいけない。（　）
14 祖母の昔話を炉端で聞いた。（　）

（二）次の――線のカタカナにあてはまる漢字をそれぞれのア～オから一つ選び、記号で答えよ。 (30) 2×15

1 何事も辛抱がカン心です。（　）
2 応援団のカン声が上がった。（　）
3 窓を開けてカン気しよう。（　）
（ア喚　イ換　ウ肝　エ乾　オ敢）

4 劇団と出演のケイ約を交わした。（　）
5 急ぎの連絡をケイ帯電話に入れる。（　）
6 競技会場に国旗をケイ揚する。（　）
（ア啓　イ携　ウ継　エ掲　オ契）

7 かなりコ張した話だ。（　）
8 後コの憂いのないようにする。（　）
9 世俗を離れコ高の精神を保つ。（　）
（ア顧　イ弧　ウ孤　エ誇　オ故）

（四）熟語の構成のしかたには次のようなものがある。 (20) 2×10

ア 同じような意味の漢字を重ねたもの（岩石）
イ 反対または対応の意味を表す字を重ねたもの（高低）
ウ 上の字が下の字を修飾しているもの（洋画）
エ 下の字が上の字の目的語・補語になっているもの（着席）
オ 上の字が下の字の意味を打ち消しているもの（非常）

次の熟語は右のア～オのどれにあたるか、一つ選び、記号で答えよ。

1 哀楽（　）
2 怪力（　）
3 微細（　）
4 避難（　）
6 違法（　）
7 布陣（　）
8 功績（　）
9 無粋（　）

15 会議で緊急動議が出された。（　　）
16 出会い頭に衝突した。（　　）
17 不幸にして病魔に冒された。（　　）
18 説得して翻意を促す。（　　）
19 予算の濫費を追及する。（　　）
20 美術館を巡り審美眼を養う。（　　）
21 澄んだ谷川の浅瀬に足を浸す。（　　）
22 初心は最後まで貫く決心だ。（　　）
23 生来の慌て者で困ったことだ。（　　）
24 木の仏像を彫り上げた。（　　）
25 ここは霊験あらたかな神社だ。（　　）
26 お姫様の役で出演した。（　　）
27 路上の駐車は交通の妨げになる。（　　）
28 口が裂けても白状しない。（　　）
29 行く年の名残を惜しむ。（　　）
30 送金は為替でお願いします。（　　）

10 敵軍の侵入をソ止した。（　　）
11 苦労して事業のソ石を築く。（　　）
12 ソ暴な振る舞いが目に余る。（　　）
（ア 訴　イ 阻　ウ 措　エ 礎　オ 粗）

13 多大な成功をオサめた。（　　）
14 注文の品をオサめる。（　　）
15 学をオサめ技を習う。（　　）
（ア 治　イ 修　ウ 収　エ 押　オ 納）

（三）1～5の三つの□に共通する漢字を入れて熟語を作れ。漢字はア～コから一つ選び、記号で答えよ。 (10) 2×5

1 □走・□車・円□（　　）
2 □剤・手□・□前（　　）
3 □乱・□誤・交□（　　）
4 □服・相□・□明（　　）
5 □力・脅□・□厳（　　）

ア 疾　イ 洗　ウ 威　エ 珍　オ 錠
カ 滑　キ 迫　ク 克　ケ 混　コ 錯

5 裸眼（　　）　10 緩慢（　　）

（五）次の漢字の部首をア～エから一つ選び、記号に○をせよ。 (10) 1×10

1 腐（ア 广　イ 亻　ウ 寸　エ 肉）
2 既（ア 日　イ 艮　ウ 尢　エ 旡）
3 諮（ア 口　イ 言　ウ 欠　エ 冫）
4 卓（ア 一　イ ト　ウ 日　エ 十）
5 楼（ア 木　イ 十　ウ 米　エ 女）
6 帝（ア 丶　イ 亠　ウ 冖　エ 巾）
7 襲（ア 衣　イ 立　ウ 月　エ 彡）
8 項（ア 工　イ 一　ウ 頁　エ 貝）
9 敢（ア 工　イ 目　ウ 耳　エ 攵）
10 奇（ア 人　イ 大　ウ 口　エ 亅）

（六）後の□内のひらがなを漢字に直して□に入れ、対義語・類義語を作れ。□内のひらがなは一度だけ使い、（　）に一字記入せよ。 (20) 2×10

対義語

1 詳細―概□（　）

2 邪悪―□良（　）

3 過失―□意（　）

4 棄却―受□（　）

5 歓喜―□嘆（　）

類義語

6 任務―□命（　）

7 負債―□金（　）

8 周到―綿□（　）

9 許可―□認（　）

10 辛抱―□慢（　）

（八）文中の四字熟語の――線のカタカナを漢字に直せ。（　）に二字記入せよ。 (20) 2×10

1 強敵をデンコウ石火の早業で倒した。（　）

2 事件はフクザツ怪奇な様相を現す。（　）

3 言うことがホンマツ転倒している。（　）

4 統制が乱れてシブン五裂の状態だ。（　）

5 世の中がブツジョウ騒然としてきた。（　）

6 提携の利害トクシツを論じる。（　）

7 一進イッタイを繰り返す。（　）

8 優勝の悲願タッセイまであと一歩だ。（　）

9 技術は日進ゲッポで向上している。（　）

10 単なる外交ジレイに過ぎなかった。（　）

（十）次の――線のカタカナを漢字に直せ。 (40) 2×20

1 芸風はエンジュクの域に達している。（　）

2 突然のコウウで運動会を中止した。（　）

3 災害へのボウビは万全である。（　）

4 放送番組のヘンセイ会議をする。（　）

5 散薬とはフンマツ状の薬のことだ。（　）

6 会場の受付係をタントウする。（　）

7 家畜のシリョウも取り扱っています。（　）

8 事業の規模をカクダイする。（　）

9 国民にはノウゼイの義務がある。（　）

10 安全ソウチが作動して助かった。（　）

が・こ・し・しゃっ
しょう・ぜん・ひ・みつ
り・りゃく

（七）次の――線のカタカナを漢字一字と送りがな（ひらがな）に直せ。 (10) 2×5

〈例〉窓をアケル。（開ける）

1 問題の解決に力をツクス。（　）
2 表通りに店舗をカマエル。（　）
3 ご恩にムクイルようにします。（　）
4 法学部に入って弁護士をココロザス。（　）
5 谷川の水でのどをウルオス。（　）

（九）次の各文にまちがって使われている同じ読みの漢字が一字ある。上に誤字を、下に正しい漢字を記せ。 (10) 2×5

1 予選を通課した候補作の中から委員会の審査を経て受賞作が選ばれた。（　）（　）
2 留学生などと宿泊する外国語長期体験活動が企格されている。（　）（　）
3 歳末大売り出しの福引きで一等章が当たって、自転車をもらった。（　）（　）
4 ハムスターは野行性なので昼間は静かな環境で眠らせておく。（　）（　）
5 大事なお客が来宅されるので、応接間を形付けて念入りに大掃除した。（　）（　）

11 店頭の商品にネフダを付ける。（　）
12 弓を引き絞って矢をイる。（　）
13 清らかなイズミの水を味わう。（　）
14 大声をハり上げて叫んだ。（　）
15 悔しそうにシタ打ちした。（　）
16 急坂のケワしい山道だった。（　）
17 タンポポのワタゲが風に舞う。（　）
18 資金の一部を寄付金でオギナう。（　）
19 留学生と交流のツドいに参加した。（　）
20 シャミセンでおはやしをしている。（　）

予想模擬テスト 11

解答には、常用漢字《じょうよう》の旧字体《きゅう》や表外漢字および常用漢字音訓表以外の読みを使ってはいけない。

時間 60分
合格点 140/200
得点

(一) 次の――線の読みをひらがなで記せ。 (30) 1×30

1 学力の伸張を図る。（　）
2 出席の快諾を得た。（　）
3 男女別に抽出して調査する。（　）
4 交通安全の標語を募集する。（　）
5 無邪気な笑顔がかわいい。（　）
6 僧は仏の慈悲を説いた。（　）
7 白菊が芳香を放っている。（　）
8 馬上の騎手が手を振った。（　）
9 終盤で痛恨のエラーが出た。（　）
10 在庫一掃処分の大売り出しだ。（　）
11 相手に強硬な姿勢を示す。（　）
12 大胆なデザインの服を買った。（　）
13 これは喫緊の課題だ。（　）
14 食後の歯みがきを励行している。（　）

(二) 次の――線のカタカナにあてはまる漢字をそれぞれのア～オから一つ選び、記号で答えよ。 (30) 2×15

1 ボ参のために帰郷した。（　）
2 パン作りに酵ボは欠かせない。（　）
3 亡き母を追ボする。（　）
（ア 簿　イ 募　ウ 慕　エ 墓　オ 母）

4 世情を風シした漫画だ。（　）
5 社会福シ関連の事業をしている。（　）
6 設立の趣シに賛同する。（　）
（ア 旨　イ 指　ウ 刺　エ 至　オ 祉）

7 大きなジョウ前が掛かっている。（　）
8 ジョウ談のような本当の話だ。（　）
9 土地と建物の権利をジョウ渡した。（　）
（ア 譲　イ 錠　ウ 丈　エ 冗　オ 嬢）

(四) 熟語の構成のしかたには次のようなものがある。 (20) 2×10

ア 同じような意味の漢字を重ねたもの（岩石）
イ 反対または対応の意味を表す字を重ねたもの（高低）
ウ 上の字が下の字を修飾しているもの（洋画）
エ 下の字が上の字の目的語・補語になっているもの（着席）
オ 上の字が下の字の意味を打ち消しているもの（非常）

次の熟語は右のア～オのどれにあたるか、一つ選び、記号で答えよ。

1 断熱（　）
2 取捨（　）
3 古墳（　）
4 加減（　）

6 伸縮（　）
7 曇天（　）
8 失策（　）
9 矛盾（　）

15 支店に単身で赴任する。（　）
16 格差の拡大が憂慮される。（　）
17 多額の埋蔵金が見つかった。（　）
18 大声で叫びたい衝動にかられる。（　）
19 一週間の滞在であった。（　）
20 冬山登山で多くの遭難者が出た。（　）
21 除夜の鐘の音が聞こえる。（　）
22 古新聞を重ねてひもで縛る。（　）
23 両者の意見の隔たりを調整する。（　）
24 一寸の虫にも五分の魂（　）
25 山道のカーブで車酔いした。（　）
26 互いに手を携えてがんばる。（　）
27 物陰に身を潜める。（　）
28 冬山で雪崩に巻き込まれた。（　）
29 風邪で学校を休んだ。（　）
30 真剣勝負の太刀を構える。（　）

10 キ糸を蚕のまゆからつむぐ。（　）
11 一休みして名曲をキく。（　）
12 注意してもキき目がない。（　）
（ア黄　イ聴　ウ生　エ木　オ効）

13 着物の帯をしっかりシめる。（　）
14 賛成が大多数をシめた。（　）
15 寄付金をシいてはいけない。（　）
（ア閉　イ占　ウ締　エ敷　オ強）

（三）1〜5の三つの□に共通する漢字を入れて熟語を作れ。漢字はア〜コから一つ選び、記号で答えよ。 (10) 2×5

1 □請・肝□・□項（　）
2 隠□・□名・秘□（　）
3 虚□・□走・□退（　）
4 □児・□動・受□（　）
5 埋□・沈□・□落（　）

ア 脱	イ 孤	ウ 葬	エ 胎	オ 申
カ 没	キ 栄	ク 滅	ケ 要	コ 匿

5 運搬（　）　10 無謀（　）

（五）次の漢字の部首をア〜エから一つ選び、記号に○をせよ。 (10) 1×10

1 宴（ア 宀　イ 日　ウ 一　エ 女）
2 昇（ア 日　イ ノ　ウ 一　エ 廾）
3 衝（ア 彳　イ 行　ウ 二　エ 里）
4 契（ア 王　イ 刀　ウ 大　エ 一）
5 盆（ア 八　イ 刀　ウ 皿　エ 一）
6 顧（ア 戸　イ 隹　ウ 貝　エ 頁）
7 焦（ア ノ　イ 王　ウ 隹　エ 灬）
8 痘（ア 疒　イ 广　ウ 口　エ 豆）
9 赦（ア 十　イ 土　ウ 赤　エ 攵）
10 釈（ア 爫　イ 木　ウ 釆　エ 尸）

(六) 後の□内のひらがなを漢字に直して□に入れ、対義語・類義語を作れ。□内のひらがなは一度だけ使い、（　）に一字記入せよ。 (20) 2×10

対義語

1 紛争―□解（　）
2 甘言―□言（　）
3 慎重―軽□（　）
4 一致―□違（　）
5 期待―失□（　）

類義語

6 関心―□味（　）
7 賢明―□口（　）
8 決意―□悟（　）
9 完遂―□成（　）
10 隆盛―繁□（　）

(八) 文中の四字熟語の――線のカタカナを漢字に直せ。（　）に二字記入せよ。 (20) 2×10

1 研究はゼンジン未到の分野に及ぶ。（　）
2 異論続出で百家ソウメイの観だ。（　）
3 ココン東西に類を見ない話だ。（　）
4 内容がムミ乾燥で関心がわかない。（　）
5 反対の立場はシュウシ一貫している。（　）
6 心は明鏡シスイの境地にある。（　）
7 国家の危急ソンボウのときに遭う。（　）
8 堅実で大器バンセイ型の人物だ。（　）
9 先憂コウラクは政治家の心構えだ。（　）
10 大山メイドウしてねずみ一匹（　）

(十) 次の――線のカタカナを漢字に直せ。 (40) 2×20

1 両国のシュノウ会談が始まった。（　）
2 ジシャクを使って砂鉄を集める。（　）
3 採決には態度をホリュウした。（　）
4 根性とドキョウはだれにも負けない。（　）
5 注文したヨクジツに品物が届いた。（　）
6 ガイロジュの連なる大通りだ。（　）
7 落語界の一門にデシ入りした。（　）
8 ギャッキョウにもめげず努力する。（　）
9 事例はマイキョにいとまがない。（　）
10 追突事故で車体がソンショウした。（　）

えい・かく・きょう・く
そう・そつ・たっ・ぼう
り・わ

（七）次の――線のカタカナを漢字一字と送りがな（ひらがな）に直せ。 (10) 2×5

〈例〉 窓をアケル。（開ける）

1 聞きしにマサル見事な腕前だ。（　　）
2 到着してタダチニ連絡を取った。（　　）
3 事後の処理はスミヤカだった。（　　）
4 健康のために体脂肪をヘラス。（　　）
5 腕前がタメサレルときがきた。（　　）

（九）次の各文にまちがって使われている同じ読みの漢字が一字ある。上に誤字を、下に正しい漢字を記せ。 (10) 2×5

1 大気中のオゾン層は生物に有害な紫外線を吸集して生命を守っている。（　）（　）
2 政府は凶作に備えて、安定共給のために一定量の米を蓄えている。（　）（　）
3 台風の影響で水稲や野菜が冠水して農家は大きな被害を請けた。（　）（　）
4 住民は災害復興のために現地を訪れた急援隊を熱狂的に歓迎した。（　）（　）
5 ガソリン代の値上がりで、通勤は自家用車から公協の交通機関に変えた。（　）（　）

11 一家を支えるダイコクバシラだ。（　）
12 目測をアヤマって失敗した。（　）
13 社内ではフルカブになってしまった。（　）
14 横浜をへて東京に至る。（　）
15 師の恩情にムクいる。（　）
16 遠い異国へのタビジについた。（　）
17 測定器のメモリを読む。（　）
18 背水の陣で試合にノゾむ。（　）
19 気立てのヤサしい女の子だ。（　）
20 とんだココロエ違いをしてしまった。（　）

予想模擬テスト⑫

解答には、常用《じょうよう》漢字の旧《きゅう》字体や表外漢字および常用漢字音訓表以外の読みを使ってはいけない。

時間 60分

合格点 140/200

得点

(一) 次の――線の読みをひらがなで記せ。 (30) 1×30

1 研究内容の概要を説明する。（　）
2 峡谷の美に詠嘆の声を上げた。（　）
3 感情の起伏の激しい人だ。（　）
4 天空の一点を凝視している。（　）
5 富士は霊峰と呼ばれる山だ。（　）
6 言葉を尽くして退部を慰留する。（　）
7 建設工事の促進を図る。（　）
8 列車は五分間隔で発車する。（　）
9 気温は摂氏二十度です。（　）
10 温暖前線が停滞している。（　）
11 手紙を拝啓から書き出す。（　）
12 国際間の紛争解決に努める。（　）
13 南蛮貿易で産をなした人だ。（　）
14 譲歩はしない覚悟だ。（　）

(二) 次の――線のカタカナにあてはまる漢字をそれぞれのア～オから一つ選び、記号で答えよ。 (30) 2×15

1 菊作りにタン精を込めている。（　）
2 五月五日はタン午の節句だ。（　）
3 失望落タンして吐息をつく。（　）
（ア丹　イ嘆　ウ鍛　エ端　オ胆）

4 甘いユウ惑の声には乗らない。（　）
5 ユウ霊の正体見たり枯れ尾花（　）
6 事態の成り行きをユウ慮する。（　）
（ア雄　イ遊　ウ誘　エ幽　オ憂）

7 職務のタイ慢は許されない。（　）
8 時代のタイ動が聞こえる。（　）
9 指名手配の犯人がタイ捕された。（　）
（ア逮　イ滞　ウ胎　エ怠　オ退）

(四) 熟語の構成のしかたには次のようなものがある。 (20) 2×10

ア 同じような意味の漢字を重ねたもの （岩石）
イ 反対または対応の意味を表す字を重ねたもの （高低）
ウ 上の字が下の字を修飾しているもの （洋画）
エ 下の字が上の字の目的語・補語になっているもの （着席）
オ 上の字が下の字の意味を打ち消しているもの （非常）

次の熟語は右のア～オのどれにあたるか、一つ選び、記号で答えよ。

1 離縁（　）
2 脱帽（　）
3 救援（　）
4 屈伸（　）
6 去来（　）
7 浮沈（　）
8 迷惑（　）
9 寝台（　）

15 養殖した稚魚を川に放す。（　　）
16 青春の哀感を描いた秀作だ。（　　）
17 遺漏のないように注意する。（　　）
18 白菊が群生している。（　　）
19 湾曲した海岸線を走行する。（　　）
20 二人で湖畔の宿に泊まった。（　　）
21 希望者を募って編成する。（　　）
22 流れる汗は滝のようだ。（　　）
23 昼を欺くような月明かりだ。（　　）
24 横殴りの激しい風雨となった。（　　）
25 台所で包丁を研いでいる。（　　）
26 法案を審議会に諮る。（　　）
27 危険が伴うきつい仕事だ。（　　）
28 夢か幻かと喜んだ。（　　）
29 お座敷で三味線を弾いている。（　　）
30 隣の芝生は青い（　　）

10 レイ細企業だが技術力は高い。（　　）
11 早寝早起きをレイ行する。（　　）
12 樹レイ三百年の大木だ。（　　）
（ア 齢　イ 励　ウ 隷　エ 霊　オ 零）
13 妹のわがままは手にオえない。（　　）
14 寸暇をオしんで働く。（　　）
15 相手の胸中をオし量る。（　　）
（ア 追　イ 惜　ウ 負　エ 押　オ 推）

（三）1～5の三つの□に共通する漢字を入れて熟語を作れ。漢字はア～コから一つ選び、記号で答えよ。（10）2×5

1 □力・□惑・□了（　　）
2 重□・□火・□魂（　　）
3 独□・奇□・□殊（　　）
4 嘱□・□楼・野□（　　）
5 清□・□価・破□恥（　　）

ア 魔	イ 特	ウ 炉	エ 厚	オ 廉
カ 鎮	キ 掃	ク 魅	ケ 得	コ 望

5 不朽（　　）　10 濫造（　　）

（五）次の漢字の部首をア～エから一つ選び、記号に○をせよ。（10）1×10

1 疲（ア 冫　イ 广　ウ 疒　エ 皮）
2 慌（ア 儿　イ 忄　ウ 艹　エ 亠）
3 斗（ア 丶　イ 丨　ウ 斗　エ 十）
4 犠（ア ノ　イ 羊　ウ 牜　エ 戈）
5 尋（ア 工　イ 寸　ウ 口　エ 一）
6 郊（ア 阝　イ 丶　ウ 亠　エ 八）
7 威（ア 厂　イ 戈　ウ 一　エ 女）
8 繁（ア 母　イ 攵　ウ 糸　エ 小）
9 御（ア 亻　イ 彳　ウ 止　エ 卩）
10 衰（ア 亠　イ 口　ウ 一　エ 衣）

（六）後の□内のひらがなを漢字に直して□に入れ、対義語・類義語を作れ。□内のひらがなは一度だけ使い、（　）に一字記入せよ。 (20) 2×10

対義語

1 得意―□手（　）
2 停滞―進□（　）
3 温暖―寒□（　）
4 支配―従□（　）
5 加盟―脱□（　）

類義語

6 感心―□服（　）
7 再生―□活（　）
8 手紙―書□（　）
9 卑俗―下□（　）
10 機構―組□（　）

（八）文中の四字熟語の――線のカタカナを漢字に直せ。（　）に二字記入せよ。 (20) 2×10

1 期待どおりジュウオウ無尽に活躍した。（　）
2 今さら謝ってもショウシ千万だ。（　）
3 両国はモンコ開放して交流を深める。（　）
4 疲れ切って前後フカクに眠り込んだ。（　）
5 キヨウ貧乏で何一つ物にならない。（　）
6 難攻フラクの城といわれてきた。（　）
7 双方の考えは大同ショウイだ。（　）
8 品行ホウセイで模範的な人物だ。（　）
9 思慮フンベツのある言動だ。（　）
10 うわさ話は事実ムコンだった。（　）

（十）次の――線のカタカナを漢字に直せ。 (40) 2×20

1 性格はメイロウで人から好かれる。（　）
2 大臣がカクギに出席する。（　）
3 山にこもって武者シュギョウに励む。（　）
4 ブラスバンドのエンソウ会に行った。（　）
5 兄は土木工学がセンモンだ。（　）
6 古都の名所旧跡をホウモンする。（　）
7 胃は食べ物を消化するゾウキだ。（　）
8 次期の会長選挙に立コウホした。（　）
9 新しい環境にジュンノウする。（　）
10 やっとチョウジョウに登りつめた。（　）

かん・けい・しき・ぞく
たい・てん・にが・ひん
ふっ・れい

(七)

次の――線のカタカナを漢字一字と送りがな(ひらがな)に直せ。 (10) 2×5

〈例〉 窓をアケル。 (開ける)

1 責任者として初心をノベル。 (　　)

2 信頼をウシナウようなことはしない。 (　　)

3 険しい山々がツラナッている。 (　　)

4 日々のイトナミは平穏そのものだ。 (　　)

5 不足分を予備費でオギナウ。 (　　)

(九)

次の各文にまちがって使われている同じ読みの漢字が一字ある。上に誤字を、下に正しい漢字を記せ。 (10) 2×5

1 梅雨末期の集中豪雨で中小河占の堤防が危険な状態になっている。 (　　)(　　)

2 大臣からの諮問を受けて審議会は協議の結果を答信案にまとめ上げた。 (　　)(　　)

3 少子高齢化が進行している社会では福祉施摂の整備が重要な課題である。 (　　)(　　)

4 国語に関する意識調査によると言葉の乱れを支摘する声が大勢を占めた。 (　　)(　　)

5 足腰の衰えを防ぐために地下鉄の駅などでは努めて階壇を利用している。 (　　)(　　)

11 神仏をタットぶ心が欲しい。 (　　)

12 冗談にもホドがある。 (　　)

13 愛校心にモえる生徒たちであった。 (　　)

14 一代で巨万の富をキズいた人だ。 (　　)

15 図書のカし出し期間は一週間です。 (　　)

16 昔からあるクラ屋敷だ。 (　　)

17 長い髪を二つにタバねて垂らす。 (　　)

18 大声に驚いて馬がアバれだした。 (　　)

19 年賀状の版画をスり上げた。 (　　)

20 未来はワコウドの双肩にかかっている。 (　　)

予想模擬テスト 13

解答には、常用《じょうよう》漢字の旧《きゅう》字体や表外漢字および常用漢字音訓表以外の読みを使ってはいけない。

時間 60分
合格点 140/200
得点

(一) 次の――線の読みをひらがなで記せ。 (30) 1×30

1 財界の重鎮といわれている。（　）
2 重量が一キロ超過した。（　）
3 犯人は外国に潜伏していた。（　）
4 新事業の輪郭を説明した。（　）
5 何事も基礎固めから始まる。（　）
6 諸般の事情を勘案して決める。（　）
7 傷口を縫合してもらった。（　）
8 駅前の喫茶店でお会いした。（　）
9 銀行で国債を買った。（　）
10 法的な拘束力はない。（　）
11 高裁に控訴した。（　）
12 応募は随時受け付けています。（　）
13 野外の彫刻展が開かれた。（　）
14 念願の雪辱を果たした。（　）

(二) 次の――線のカタカナにあてはまる漢字をそれぞれのア～オから一つ選び、記号で答えよ。 (30) 2×15

1 当初の計画を完スイした。（　）
2 王の権勢はスイ退に向かった。（　）
3 久しぶりの名演奏に陶スイする。（　）
（ア垂　イ衰　ウ酔　エ遂　オ粋）

4 出会い頭にショウ突した。（　）
5 議論のショウ点が定まらない。（　）
6 部下をショウ握して指図する。（　）
（ア衝　イ昇　ウ焦　エ匠　オ掌）

7 海外にいる同ホウからの便りだ。（　）
8 優れた作品を模ホウして学ぶ。（　）
9 秋祭りで新米をホウ納する。（　）
（ア邦　イ奉　ウ封　エ胞　オ倣）

(四) 熟語の構成のしかたには次のようなものがある。 (20) 2×10

ア 同じような意味の漢字を重ねたもの （岩石）
イ 反対または対応の意味を表す字を重ねたもの （高低）
ウ 上の字が下の字を修飾しているもの （洋画）
エ 下の字が上の字の目的語・補語になっているもの （着席）
オ 上の字が下の字の意味を打ち消しているもの （非常）

次の熟語は右のア～オのどれにあたるか、一つ選び、記号で答えよ。

1 耐火（　）
2 尾翼（　）
3 遊戯（　）
4 不屈（　）
5 未知（　）
7 寸暇（　）
8 合体（　）
9 出没（　）

15 ご来訪いただいて恐悦に存じます。（　）（　）
16 おみくじで吉凶を占う。（　）（　）
17 父兄同伴で出席した。（　）（　）
18 偉業を残した先人の軌跡をたどる。（　）（　）
19 経費の削減に努める。（　）（　）
20 現在も調査捕鯨は行われている。（　）（　）
21 定年前に会社を辞めた。（　）（　）
22 事故で通勤の足を奪われた。（　）（　）
23 友人の説得に心が揺らいだ。（　）（　）
24 幸せそうな花婿の表情だ。（　）（　）
25 資金が乏しくなってきた。（　）（　）
26 筆に墨を含ませて半紙に向かう。（　）（　）
27 道は袋小路になっていた。（　）（　）
28 国民は法の下に平等である。（　）（　）
29 日本記録を塗り替える。（　）（　）
30 彫刻家が乙女の像を制作した。（　）（　）

10 戦争放キの国となる。（　）
11 海外への進出をキ図する。（　）
12 キ定の方針で事を進める。（　）
（ア企　イ棋　ウ棄　エ既　オ軌）
13 ハンガーに服をカける。（　）
14 メンバーが一人カけている。（　）
15 全力疾走でカけ抜けた。（　）
（ア替　イ欠　ウ駆　エ掛　オ架）

（三）1～5の三つの□に共通する漢字を入れて熟語を作れ。漢字はア～コから一つ選び、記号で答えよ。(10) 2×5

1 □明・□察・聖□（　）
2 強□・□直・□貨（　）
3 警□・□楼・晩□（　）
4 切□・音□・□号（　）
5 雪□・□壊・□御（　）

ア釈	イ符	ウ戒	エ辱	オ賢
カ迫	キ崩	ク硬	ケ鐘	コ豪

5 舞踊（　）（　）　10 廉売（　）（　）

（五）次の漢字の部首をア～エから一つ選び、記号に○をせよ。(10) 1×10

1 歳（ア止　イ小　ウ戈　エ厂）
2 卑（ア丿　イ日　ウ田　エ十）
3 暫（ア車　イ斤　ウ日　エ口）
4 卸（ア丿　イ卩　ウ止　エ缶）
5 烈（ア歹　イ夕　ウ刂　エ灬）
6 菊（ア艹　イ丿　ウ勹　エ米）
7 賢（ア臣　イ又　ウ目　エ貝）
8 翻（ア釆　イ米　ウ羽　エ田）
9 逮（ア隶　イ辶　ウ氺　エ亅）
10 礎（ア木　イ疋　ウ石　エ人）

（六）後の□内のひらがなを漢字に直して□に入れ、対義語・類義語を作れ。□内のひらがなは一度だけ使い、（　）に一字記入せよ。 (20) 2×10

対義語

1 穏健―過□（　）
2 緩慢―□敏（　）
3 短縮―□長（　）
4 冷静―興□（　）
5 解雇―□用（　）

類義語

6 盛衰―興□（　）
7 了承―□得（　）
8 推量―憶□（　）
9 未熟―□稚（　）
10 弁解―釈□（　）

（八）文中の四字熟語の――線のカタカナを漢字に直せ。（　）に二字記入せよ。 (20) 2×10

1 動物のジョウケン反射の実験をする。（　）
2 キュウテン直下、解決に向かった。（　）
3 イシン伝心で分かってもらえた。（　）
4 難問をイットウ両断に解決した。（　）
5 公平ムシな人と評判だ。（　）
6 権謀ジュッスウの限りを尽くす。（　）
7 明治は文明カイカの時代であった。（　）
8 意味シンチョウな一言に戸惑った。（　）
9 喜色マンメンで優勝杯を掲げた。（　）
10 景気対策の波及コウカが表れた。（　）

（十）次の――線のカタカナを漢字に直せ。 (40) 2×20

1 おいしいとヒョウバンの料理店だ。（　）
2 新しいクラブがタンジョウした。（　）
3 広いジュウタクを求めて転居した。（　）
4 なごやかにダンショウの時を過ごした。（　）
5 母はサイフのひもが固い。（　）
6 早急に再ケントウしてください。（　）
7 ユウビン局から速達を出した。（　）
8 超一流だとゼッサンされた。（　）
9 隠していたヒミツがばれた。（　）
10 菜食主義をテイショウする。（　）

えん・き・げき・さい
そく・なっ・ふん・ぼう
めい・よう

(七) 次の――線のカタカナを漢字一字と送りがな(ひらがな)に直せ。 (10) 2×5

〈例〉 窓をアケル。 (開ける)

1 新調のスーツで入社式にノゾム。 (　　)
2 子どもたちはスコヤカニ成長した。 (　　)
3 朝食はパンと牛乳でスマス。 (　　)
4 ようやく目的をトゲル。 (　　)
5 赤ちゃんの肌はヤワラカイ。 (　　)

(九) 次の各文にまちがって使われている同じ読みの漢字が一字ある。上に誤字を、下に正しい漢字を記せ。 (10) 2×5

1 芸術の秋ともいわれ、美術展や音楽会など他彩な催しが目白押しだ。 (　)(　)
2 炭水化物や脂肪などは生命の維持に必要不可決の栄養素といわれる。 (　)(　)
3 風水害で損傷を受けた国宝建造物の保修工事が終わって、公開されている。 (　)(　)
4 新規開店の量販店は近所の買い物客たちが殺到して大勢況だった。 (　)(　)
5 長期にわたる厳しい練習と努力が実って、悲願の優勝杯を獲篤した。 (　)(　)

11 だめなものはだめとコトワる。 (　　)
12 牧場で牛のチチしぼりをした。 (　　)
13 ホネオり損のくたびれもうけ。 (　　)
14 リビングのマドべに花を飾る。 (　　)
15 親の意向にシタガうようにする。 (　　)
16 寒いのでアツギをして出かけた。 (　　)
17 畑をタガヤして野菜の種をまく。 (　　)
18 春のオトズれも間近だ。 (　　)
19 今日は朝からよいヒヨリだ。 (　　)
20 職を辞してイナカに引退した。 (　　)

予想模擬テスト 14

解答には、常用《じょうよう》漢字の旧《きゅう》字体や表外漢字および常用漢字音訓表以外の読みを使ってはいけない。

時間 60分
合格点 140/200
得点

（一）次の——線の読みをひらがなで記せ。 (30) 1×30

1 連続優勝の栄冠を勝ち取る。（　　）
2 調査項目に該当する者はいない。（　　）
3 病気の早期発見が肝要だ。（　　）
4 会議は円滑に進んでいる。（　　）
5 祖父の喜寿を祝った。（　　）
6 精魂を込めて創作に励む。（　　）
7 山門をくぐると鐘楼が見える。（　　）
8 新聞に掲載された写真だ。（　　）
9 受付の案内嬢に尋ねた。（　　）
10 船が一隻、停泊している。（　　）
11 王は帝位を譲って引退した。（　　）
12 今世紀に入って絶滅した。（　　）
13 資本は零細でも技術は一流だ。（　　）
14 沿岸地域に波浪警報が出た。（　　）

（二）次の——線のカタカナにあてはまる漢字をそれぞれのア～オから一つ選び、記号で答えよ。 (30) 2×15

1 新センな空気を吸い込む。（　　）
2 消毒して病気の感センを防ぐ。（　　）
3 犯人は都内にセン伏している。（　　）
（ア宣　イ鮮　ウ染　エ潜　オ占）

4 近世はハン主が統治していた。（　　）
5 特使の通訳として随ハンする。（　　）
6 夏は湖ハンのペンションで過ごす。（　　）
（ア伴　イ畔　ウ帆　エ範　オ藩）

7 古文書を校テイして出版した。（　　）
8 外国と通商条約をテイ結した。（　　）
9 禁止条項にテイ触する。（　　）
（ア抵　イ体　ウ訂　エ締　オ帝）

（四）熟語の構成のしかたには次のようなものがある。 (20) 2×10

ア 同じような意味の漢字を重ねたもの（岩石）
イ 反対または対応の意味を表す字を重ねたもの（高低）
ウ 上の字が下の字を修飾しているもの（洋画）
エ 下の字が上の字の目的語・補語になっているもの（着席）
オ 上の字が下の字の意味を打ち消しているもの（非常）

次の熟語は右のア～オのどれにあたるか、一つ選び、記号で答えよ。

1 功罪（　　）
2 未婚（　　）
3 腐敗（　　）
4 添加（　　）

6 珍獣（　　）
7 換気（　　）
8 不滅（　　）
9 解雇（　　）

15 バスを駐車場に誘導する。（　　）
16 首脳会談は決裂した。（　　）
17 ミスが続いて選手は動揺した。（　　）
18 密談は某所で行われた。（　　）
19 品種の改良に没頭している。（　　）
20 神社の境内にクスの大木がある。（　　）
21 今の生活には飽き足りない。（　　）
22 又聞きの話は頼りにならん。（　　）
23 大輪の菊が花を咲かせた。（　　）
24 故人を慕う人達が集まった。（　　）
25 水平線が緩やかな弧を描いている。（　　）
26 緑陰で憩いのひと時をもつ。（　　）
27 牛小屋で乳搾りをしている。（　　）
28 蚕は桑の葉を食べて育つ。（　　）
29 犯人の行方を探している。（　　）
30 水田に早苗を植えていく。（　　）

10 近コウの住宅団地に住む。（　　）
11 コウ殺の刑に処せられた。（　　）
12 実力はコウ乙つけがたい。（　　）
（ア 拘　イ 甲　ウ 絞　エ 巧　オ 郊）

13 部長のポストにツいた。（　　）
14 息をツめて決勝戦を見る。（　　）
15 悪の芽は小さいうちにツむ。（　　）
（ア 摘　イ 着　ウ 突　エ 詰　オ 就）

（三） 1～5の三つの□に共通する漢字を入れて熟語を作れ。漢字はア～コから一つ選び、記号で答えよ。 (10) 2×5

1 □失・内□・□争（　　）
2 □道・□魔・□悪（　　）
3 □華・上□・□給（　　）
4 許□・□否・快□（　　）
5 □志・奮□・□牛（　　）

ア 軌　イ 初　ウ 容　エ 紛　オ 邪
カ 諾　キ 豪　ク 遺　ケ 闘　コ 昇

5 凶悪（　　）　10 微動（　　）

（五） 次の漢字の部首をア～エから一つ選び、記号に○をせよ。 (10) 1×10

1 欧（ア 匚　イ ノ　ウ 欠　エ 人）
2 魔（ア 麻　イ 木　ウ 鬼　エ ム）
3 裂（ア 衣　イ 歹　ウ タ　エ 刂）
4 獄（ア 言　イ 犭　ウ 大　エ 犬）
5 鶏（ア 爫　イ 二　ウ 灬　エ 鳥）
6 範（ア ⺮　イ 車　ウ 日　エ 㔾）
7 辱（ア 厂　イ 二　ウ 辰　エ 寸）
8 慈（ア 一　イ 幺　ウ 心　エ 丶）
9 伐（ア 丶　イ 弋　ウ 戈　エ 亻）
10 窓（ア 宀　イ 穴　ウ ム　エ 心）

（六）後の□内のひらがなを漢字に直して□に入れ、対義語・類義語を作れ。□内のひらがなは一度だけ使い、（　）に一字記入せよ。 (20) 2×10

対義語

1 冗漫—□潔（　）
2 未熟—老□（　）
3 分裂—□一（　）
4 浪費—倹□（　）
5 是認—□認（　）

類義語

6 前途—□来（　）
7 没頭—□念（　）
8 双方—□者（　）
9 陰謀—策□（　）
10 華美—□手（　）

（八）文中の四字熟語の——線のカタカナを漢字に直せ。（　）に二字記入せよ。 (20) 2×10

1 大売出しはセンキャク万来の盛況だ。（　）
2 迷惑をかけて平身テイトウして謝る。（　）
3 タイギ名分を振りかざしてきた。（　）
4 倒産してジボウ自棄になっていた。（　）
5 多事タナンな局面となった。（　）
6 情報のシュシャ選択に迷う。（　）
7 面会シャゼツの危険な病状だ。（　）
8 従来の年功ジョレツの人事を改める。（　）
9 師の戒めを金科ギョクジョウとする。（　）
10 職務に公私コンドウは許さない。（　）

（十）次の——線のカタカナを漢字に直せ。 (40) 2×20

1 入学した当時をソウキする。（　）
2 不完全ネンショウで有害ガスが出た。（　）
3 遊園地のカンラン車に乗った。（　）
4 保健所で予防チュウシャを受けた。（　）
5 広大なウチュウに飛び立った。（　）
6 人にキガイを加えることはない。（　）
7 実現性のないキジョウの空論だ。（　）
8 事件はカンタンに解決した。（　）
9 世代によって考え方にダンソウがある。（　）
10 コーヒーにサトウを加える。（　）

かん・しょう・せん
とう・は・ひ・やく
りゃく・りょう・れん

(七) 次の——線のカタカナを漢字一字と送りがな(ひらがな)に直せ。 (10) 2×5

〈例〉 窓をアケル。 (開ける)

1 ゴミはチラカサずに袋に入れる。 (　　)
2 知力と体力がソナワッている。 (　　)
3 天候はキワメテ良好であった。 (　　)
4 最後まで絶対反対をトナエル。 (　　)
5 微笑をマジエて話しかける。 (　　)

(九) 次の各文にまちがって使われている同じ読みの漢字が一字ある。上に誤字を、下に正しい漢字を記せ。 (10) 2×5

1 日本経済に活力を取りもどすには不良債券の所理が重要課題である。 (　)(　)
2 労使双方とも、その主張を個持して譲らず、会談は不調に終わった。 (　)(　)
3 保存食品として重宝な梅干しには食欲造進、整腸などの効能がある。 (　)(　)
4 古代住居跡から人々の生活をうかがわせる土器の破返が大量に出土した。 (　)(　)
5 列車内での携帯電話の使用は日常茶半のこととかた付けないで考え直す。 (　)(　)

11 緊張してチヂこまってしまった。 (　　)
12 問題は意外にヤサしかった。 (　　)
13 手触りはキヌのように滑らかだ。 (　　)
14 軒から雨の滴がタれている。 (　　)
15 すぐに答えを出すのはムズカしい。 (　　)
16 親しい友をパーティーにマネく。 (　　)
17 全員からオされて立候補した。 (　　)
18 悪だくみのカタボウをかついだ。 (　　)
19 仕事に差しツカえるので止める。 (　　)
20 三月になってナゴリの雪が降った。 (　　)

予想模擬テスト 15

解答には、常用《じょうよう》漢字の旧《きゅう》字体や表外漢字および常用漢字音訓表以外の読みを使ってはいけない。

時間 60分
合格点 140/200
得点

（一）

次の——線の読みをひらがなで記せ。 (30) 1×30

1 売買の契約書を交わした。（　　）
2 切実な話に深い感慨を抱く。（　　）
3 大会会場に国旗を掲揚する。（　　）
4 役員待遇でお迎えします。（　　）
5 菜園から季節の野菜を収穫する。（　　）
6 何とも奇怪な事件だった。（　　）
7 いきなり後頭部を殴打された。（　　）
8 見当違いの愚問を投げた。（　　）
9 粗野で野蛮な行為だ。（　　）
10 事故現場に偶然居合わせた。（　　）
11 花の香りが鼻孔をくすぐる。（　　）
12 政策の要綱が発表された。（　　）
13 大使と陪席の栄誉に浴する。（　　）
14 手に負えないお転婆娘だ。（　　）

（二）

次の——線のカタカナにあてはまる漢字をそれぞれのア～オから一つ選び、記号で答えよ。 (30) 2×15

1 教授の論文にケイ発された。（　　）
2 ケイ法の改正が議論される。（　　）
3 彼の論文が雑誌にケイ載された。（　　）
（ア契　イ刑　ウ啓　エ掲　オ携）

4 三セキの貨物船が帰港した。（　　）
5 日本国セキを得て活躍している。（　　）
6 散る花にセキ春の情を託す。（　　）
（ア跡　イ斥　ウ隻　エ籍　オ惜）

7 先祖代々ノウ業を営んでいる。（　　）
8 絵の具で色のノウ淡を付ける。（　　）
9 解決を求めて苦ノウしている。（　　）
（ア脳　イ悩　ウ濃　エ農　オ能）

（四）

熟語の構成のしかたには次のようなものがある。 (20) 2×10

ア 同じような意味の漢字を重ねたもの　（岩石）
イ 反対または対応の意味を表す字を重ねたもの　（高低）
ウ 上の字が下の字を修飾しているもの　（洋画）
エ 下の字が上の字の目的語・補語になっているもの　（着席）
オ 上の字が下の字の意味を打ち消しているもの　（非常）

次の熟語は右のア～オのどれにあたるか、一つ選び、記号で答えよ。

1 食卓（　　）
2 免税（　　）
3 丘陵（　　）
4 排斥（　　）

6 卸商（　　）
7 尊卑（　　）
8 陳情（　　）
9 未踏（　　）

15 警察で事情聴取を受けた。（　　）
16 予算の膨張を食い止める。（　　）
17 勤務の怠慢を厳重注意する。（　　）
18 直ちに必要な措置が取られた。（　　）
19 内戦で多くの犠牲者が出た。（　　）
20 死者を手厚く埋葬する。（　　）
21 大きな掛け声で応援した。（　　）
22 稲の穂波が揺れている。（　　）
23 カラスは賢い鳥だといわれる。（　　）
24 登山にガイドを数人雇った。（　　）
25 火薬が湿って発火しない。（　　）
26 先程の議論を蒸し返す。（　　）
27 人材を埋もれさすのは惜しい。（　　）
28 浮き草が水面に漂っている。（　　）
29 悪は滅んで正義が栄える。（　　）
30 たくましい若人に成長した。（　　）

10 勤勉でトク実な好人物です。（　　）
11 紙上にはトク名で発表する。（　　）
12 損トクにはこだわらない。（　　）
（ア匿　イ徳　ウ得　エ特　オ篤）

13 ほうきで庭先をハく。（　　）
14 苦しくても決して弱音をハかない。（　　）
15 河原にテントをハって休む。（　　）
（ア吐　イ果　ウ張　エ生　オ掃）

（三）1〜5の三つの□に共通する漢字を入れて熟語を作れ。漢字はア〜コから一つ選び、記号で答えよ。(10) 2×5

1 □絶・遠□・□離（　　）
2 □燥・□点・□慮（　　）
3 激□・□行・精□（　　）
4 □急・□業・□苗（　　）
5 進□・常□・□輪（　　）

ア卓　イ励　ウ焦　エ展　オ早
カ乾　キ隔　ク緩　ケ駐　コ流

5 賢愚（　　）　10 臨場（　　）

（五）次の漢字の部首をア〜エから一つ選び、記号に○をせよ。(10) 1×10

1 餓（ア人　イ良　ウ食　エ戈）
2 貫（ア一　イ母　ウ目　エ貝）
3 乳（アノ　イ⺍　ウ子　エ乚）
4 鋳（ア金　イ一　ウ二　エ寸）
5 掛（ア扌　イ十　ウ土　エ卜）
6 虚（ア卜　イ虍　ウ厂　エ匕）
7 彫（ア冂　イ土　ウ口　エ彡）
8 慕（ア艹　イ日　ウ大　エ㣺）
9 漏（ア氵　イ尸　ウ雨　エ冂）
10 膨（ア土　イ豆　ウ月　エ彡）

(六) 後の□内のひらがなを漢字に直して□に入れ、対義語・類義語を作れ。□内のひらがなは一度だけ使い、（　）に一字記入せよ。 (20) 2×10

対義語

1 自由―□縛（　）
2 遵守―□反（　）
3 可決―□決（　）
4 創造―□倣（　）
5 簡略―詳□（　）

類義語

6 官吏―□人（　）
7 傾向―風□（　）
8 価格―□段（　）
9 栄光―名□（　）
10 不足―□乏（　）

(八) 文中の四字熟語の――線のカタカナを漢字に直せ。（　）に二字記入せよ。 (20) 2×10

1 心機イッテンして最初から出直す。（　）
2 新婦はサイショク兼備の女性です。（　）
3 何かと漫言ホウゴする癖がある。（　）
4 応募作品はギョクセキ混交だった。（　）
5 ハクガク多才で話題の豊富な人だ。（　）
6 出来ばえを自画ジサンしている。（　）
7 同志でも結局は同床イムの仲だった。（　）
8 裁判官は清廉ケッパクの人だ。（　）
9 山紫スイメイの古都を旅する。（　）
10 大会は平穏ブジに終了した。（　）

(十) 次の――線のカタカナを漢字に直せ。 (40) 2×20

1 人柄はまじめでキンベンな学生だ。（　）
2 たくましいキンコツに鍛えあげた。（　）
3 我が国有数のコクソウ地帯である。（　）
4 舞台上でセリフを忘れてゼックした。（　）
5 神前にシセイを正して拝礼する。（　）
6 行政がキコウ改革を実施した。（　）
7 調査は全国キボで実施された。（　）
8 一点を争う熱戦にコウフンした。（　）
9 少年が活躍するツウカイな小説だ。（　）
10 つまらない話だとイッショウに付す。（　）

い・けつ・さい・そく
ちょう・ね・ひ・も
やく・よ

（七）次の——線のカタカナを漢字一字と送りがな（ひらがな）に直せ。 (10) 2×5

〈例〉 窓をアケル。 （開ける）

1 努力して学問の道をキワメル。（　　）
2 出された食事を全部タイラゲル。（　　）
3 体調をトトノエて試合に臨む。（　　）
4 方向をアヤマラないように注意する。（　　）
5 古新聞をまとめてひもでユワエル。（　　）

（九）次の各文にまちがって使われている同じ読みの漢字が一字ある。上に誤字を、下に正しい漢字を記せ。 (10) 2×5

1 文化や習慣の異なる人々が考え方の違いを認め合い双互の理解を図る。（　　）（　　）
2 初回の好機を生かして先征点を奪い、更に長打を生かして加点した。（　　）（　　）
3 国連の用請で派遣されていた平和維持部隊がようやく任務を終えた。（　　）（　　）
4 決算期が近付いたので公認会計士に財務諸表の監査と証明を移託した。（　　）（　　）
5 各人が思いの丈を十分に話し合ったので、意議を唱えるものは無かった。（　　）（　　）

11 師匠にナラぶだけの実力がある。（　　）
12 稲穂が豊かにミノっている。（　　）
13 足音を立てずにそっとチカヨった。（　　）
14 調査資料にモトづいて発表する。（　　）
15 他人にツミをなすり付けるな。（　　）
16 特売場に人がムラがっている。（　　）
17 出来ばえの優劣をキソう。（　　）
18 天災はワスれたころにやってくる（　　）
19 いやがるのを無理にシいるのは悪い。（　　）
20 登山隊はフブキの中を出発した。（　　）

覚えておきたい熟字訓・当て字訓

（○印は、どの時点で学習するかを示す）

漢字	読み	小学	中学	高校
明日	あす	○		
小豆	あずき		○	
海女・海士	あま			○
硫黄	いおう		○	
意気地	いくじ		○	
田舎	いなか		○	
息吹	いぶき			○
海原	うなばら		○	
乳母	うば		○	
浮気	うわき			○
浮つく	うわつく		○	
笑顔	えがお		○	
叔父・伯父	おじ		○	
大人	おとな	○		
乙女	おとめ		○	
叔母・伯母	おば		○	
お巡りさん	おまわりさん		○	
お神酒	おみき			○
母屋・母家	おもや			○
母さん	かあさん	○		
神楽	かぐら			○
河岸	かし			○
鍛冶	かじ		○	
風邪	かぜ		○	
固唾	かたず		○	
仮名	かな		○	
蚊帳	かや			○
為替	かわせ		○	
河原・川原	かわら	○		
昨日	きのう	○		
今日	きょう	○		
果物	くだもの	○		
玄人	くろうと			○
今朝	けさ	○		
景色	けしき	○		
心地	ここち		○	
居士	こじ			○
今年	ことし	○		
早乙女	さおとめ		○	
雑魚	ざこ			○
桟敷	さじき			○
差し支える	さしつかえる		○	
五月	さつき		○	
早苗	さなえ		○	
五月雨	さみだれ		○	
時雨	しぐれ		○	
尻尾	しっぽ		○	
竹刀	しない		○	
老舗	しにせ		○	
芝生	しばふ		○	
清水	しみず	○		
三味線	しゃみせん		○	
砂利	じゃり		○	
数珠	じゅず			○

上手	じょうず	○		
白髪	しらが		○	
素人	しろうと			○
師走	しわす(しはす)			○
数寄屋・数奇屋	すきや			○
相撲	すもう		○	
草履	ぞうり		○	
山車	だし			○
太刀	たち		○	
立ち退く	たちのく		○	
七夕	たなばた	○		
足袋	たび		○	
稚児	ちご			○
一日	ついたち	○		
築山	つきやま			○
梅雨	つゆ		○	
凸凹	でこぼこ		○	
手伝う	てつだう	○		
伝馬船	てんません			○
投網	とあみ			○
父さん	とうさん	○		
十重二十重	とえはたえ			○
読経	どきょう			○
時計	とけい	○		
友達	ともだち	○		
仲人	なこうど			○
名残	なごり		○	
雪崩	なだれ		○	
兄さん	にいさん	○		
姉さん	ねえさん	○		
野良	のら			○
祝詞	のりと			○
博士	はかせ	○		
二十・二十歳	はたち		○	
二十日	はつか	○		
波止場	はとば		○	
一人	ひとり	○		
日和	ひより		○	
二人	ふたり	○		
二日	ふつか	○		
吹雪	ふぶき		○	
下手	へた	○		
部屋	へや	○		
迷子	まいご	○		
真面目	まじめ	○		
真っ赤	まっか	○		
真っ青	まっさお	○		
土産	みやげ		○	
息子	むすこ		○	
眼鏡	めがね	○		
猛者	もさ			○
紅葉	もみじ		○	
木綿	もめん		○	
最寄り	もより		○	
八百長	やおちょう			○
八百屋	やおや	○		
大和	やまと		○	
弥生	やよい		○	
浴衣	ゆかた			○
行方	ゆくえ		○	
寄席	よせ			○
若人	わこうど		○	

「日本漢字能力検定」の受検の申し込み方法や検定実施日など，検定の詳細につきましては，「日本漢字能力検定協会」のホームページなどをご参照ください。
また，本書に関する最新情報は，当社ホームページにある**本書の「サポート情報」**をご覧ください。（開設していない場合もございます。）

漢字検定 3級 ピタリ！予想模試〔三訂版〕

編著者　絶対合格プロジェクト
発行者　岡本明剛
印刷所　岩岡印刷

発行所　受験研究社

©株式会社 増進堂・受験研究社
〒550-0013 大阪市西区新町2丁目19番15号
注文・不良品などについて：(06)6532-1581(代表)／本の内容について：(06)6532-1586(編集)

Printed in Japan　高廣製本
落丁・乱丁本はお取り替えします。

ひっぱると，はずして使えます。

漢字検定

ピタリ！

予想模試 3級

解答編

予想模擬テスト❶

標準解答

2ページ~5ページ

(一) 読み (30)

1	2	3	4	5	6	7	8	9	10	11	12	13	14	15
えつらん	しこん	まんきつ	けんめい	かきょう	てんぷく	すいこう	ちゅうぞう	きんこう	おうべい	じょうかく	そし	ひっけい	きょうい	げんそう

(二) 同音・同訓異字 (30)

1	2	3	4	5	6	7	8	9	10	11	12	13	14	15
エ	ウ	ア	ア	オ	ウ	エ	イ	ア	オ	ウ	イ	エ	ウ	イ

(四) 熟語の構成 (20)

1	2	3	4	5	6	7	8	9	10
ア	ア	オ	イ	ア	イ	エ	ウ	ウ	エ

(六) 対義語・類義語 (20)

1	2	3	4	5	6	7	8	9	10
給	重	賛	具	在	別	覚	期	務	疑

(八) 四字熟語 (20)

1	2	3	4	5	6	7	8	9	10
生殺	衝天	好機	引水	千秋	割拠	応報	飛語	回生	令色

(十) 書き取り (40)

1	2	3	4	5	6	7	8	9	10
見識	支度	包容	開閉	洗練	極秘	延長	周知	慣習	引率

16	17	18	19	20	21	22	23	24	25	26	27	28	29	30
せきはい	ばっさい	たくばつ	きょうこく	なっとく	そうぎ	にた	かえり	た	しおから	たく	かか	ふさ	ほが	えがお

(三) 漢字識別 (10)

1	2	3	4	5
キ	エ	ア	ケ	イ

(五) 部首 (10)

1	2	3	4	5	6	7	8	9	10
イ (おんなへん)	エ (ちから)	ウ (むし)	エ (りっとう)	ア (まだれ)	ウ (すいにょう)	ウ (れいづくり)	ア (くち)	イ (ほねへん)	ア (まだれ)

(七) 漢字と送りがな (10)

1	2	3	4	5
浴びせる	難しく	競っ	従う	厳かに

(九) 誤字訂正 (10)

	1	2	3	4	5
誤	仕	秀	心	様	添
正	支	終	試	容	展

11	12	13	14	15	16	17	18	19	20
治	笛	潮風	放浪	訳	手探	迷子	干物	授	行方

予想模擬テスト❷

標準解答

6ページ～9ページ

(一) 読み (30)

1	2	3	4	5	6	7	8	9	10	11	12	13	14	15
きどう	ふよう	とうけつ	かんしょう	がいきょう	ほうがく	かび	そくばく	そざつ	せいきゅう	こうおつ	ばくが	ちゅうざい	たんれん	とくめい

(二) 同音・同訓異字 (30)

1	2	3	4	5	6	7	8	9	10	11	12	13	14	15
イ	ア	エ	エ	イ	オ	エ	オ	ア	ウ	エ	イ	イ	ウ	ア

(四) 熟語の構成 (20)

1	2	3	4	5	6	7	8	9	10
ウ	ア	オ	オ	エ	ウ	ア	ア	イ	ア

(六) 対義語・類義語 (20)

1	2	3	4	5	6	7	8	9	10
創	落	従	暗	結	護	指	退	勢	面

(八) 四字熟語 (20)

1	2	3	4	5	6	7	8	9	10
和敬	不即	単刀	容姿	長寿	落日	天外	異曲	転変	無量

(十) 書き取り (40)

1	2	3	4	5	6	7	8	9	10
領域	系統	退去	就任	精進	誠意	発揮	刷新	所望	羽毛

16	17	18	19	20	21	22	23	24	25	26	27	28	29	30
きゅうりょう	おんびん	ごういん	るいじ	ゆ	ほどこ	いき	あや	の	つな	ふく	ともな	まぎ	む	むすこ

(三) 漢字識別 (10)

1	2	3	4	5
イ	オ	コ	エ	ケ

(五) 部首 (10)

1	2	3	4	5	6	7	8	9	10
エ（まいあし）	ア（うかんむり）	ア（ごんべん）	ウ（もんがまえ）	ア（いとへん）	イ（からい）	ウ（りっとう）	イ（るまた・ほこづくり）	ウ（とらがしら・とらかんむり）	ア（とりへん）

(七) 漢字と送りがな (10)

1	2	3	4	5
任せる	盛んな	疑わしい	断る	明くる

(九) 誤字訂正 (10)

	1	2	3	4	5
誤	旨	節	比	務	衝
正	至	切	肥	努	障

11	12	13	14	15	16	17	18	19	20
編	頂	吸	設	供	除	反	留	率	波止場

予想模擬テスト③

標準解答

10ページ～13ページ

（一）読み (30)

1	2	3	4	5	6	7	8	9	10	11	12	13	14	15
しゅしょう	しんく	じゅんしゅ	ようけい	ぎょうしゅく	かいこ	ことう	しつじゅん	じょこう	ばくろ	とそう	いんとく	ようしゃ	しっつい	じょうまん

（二）同音・同訓異字 (30)

1	2	3	4	5	6	7	8	9	10	11	12	13	14	15
イ	ウ	オ	ア	ウ	オ	ア	イ	エ	イ	オ	ウ	ア	エ	ウ

（四）熟語の構成 (20)

1	2	3	4	5	6	7	8	9	10
ア	ウ	エ	ア	イ	エ	ア	エ	イ	オ

（六）対義語・類義語 (20)

1	2	3	4	5	6	7	8	9	10
略	就	連	任	膨	明	展	老	飛	解

（八）四字熟語 (20)

1	2	3	4	5	6	7	8	9	10
天衣	馬耳	単純	花鳥	棒大	息災	万化	両得	専行	栄枯

（十）書き取り (40)

1	2	3	4	5	6	7	8	9	10
保障	著名	所属	定評	呼応	適応	方針	照合	貴重	遺失

30	29	28	27	26	25	24	23	22	21	20	19	18	17	16
ここち	さ	ひ	おもむ	はげ	こご	くわだ	おこた	おお	くず	まんえつ	けつじょ	いっきん	ほんやく	さはん

(三) 漢字識別 (10)

5	4	3	2	1
ケ	ウ	ク	エ	キ

(五) 部首 (10)

10	9	8	7	6	5	4	3	2	1
イ (た)	ア (がんたれ)	エ (かばねへん・いちたへん・がつへん)	ア (あくび・かける)	イ (みる)	ア (つち)	エ (て)	ウ (ぎょうがまえ・ゆきがまえ)	エ (くち)	エ (からい)

(七) 漢字と送りがな (10)

5	4	3	2	1
易しい	幼い	支える	望む	厳しい

(九) 誤字訂正 (10)

5	4	3	2	1	
源	異	万	波	摂	誤
減	移	満	派	節	正

20	19	18	17	16	15	14	13	12	11
最寄	背	銭	就	済	足並	敬	極	源	奮

予想模擬テスト4

標準解答

14ページ～17ページ

（一）読み (30)

1	2	3	4	5	6	7	8	9	10	11	12	13	14	15
みりょう	ばっすい	もほう	めんじょ	きんりょう	とうしゅう	きえん	こまく	よくせい	かいだく	こうろ	てつがく	おんけん	ほうらく	じゅんたく

（二）同音・同訓異字 (30)

1	2	3	4	5	6	7	8	9	10	11	12	13	14	15
エ	ア	ウ	イ	ア	エ	ア	ウ	エ	ア	イ	ウ	ウ	エ	オ

（四）熟語の構成 (20)

1	2	3	4	5	6	7	8	9	10
エ	イ	オ	ア	ウ	ウ	エ	ウ	ア	エ

（六）対義語・類義語 (20)

1	2	3	4	5	6	7	8	9	10
敗	植	加	損	降	視	訓	弁	冷	柄

（八）四字熟語 (20)

1	2	3	4	5	6	7	8	9	10
雲散	明朗	旧態	神出	失望	薄命	知新	茶飯	強記	自在

（十）書き取り (40)

1	2	3	4	5	6	7	8	9	10
台頭	供給	往時	貧弱	俳句	深刻	墓穴	許容	発刊	警護

30	29	28	27	26	25	24	23	22	21	20	19	18	17	16
うなばら	あずき	かたき	ねば	あきな	こ	くや	の	た	なめ	とくしか	しえき	おせん	たいほ	くっしん

(三) 漢字識別 (10)

5	4	3	2	1
ケ	キ	エ	コ	ウ

(五) 部首 (10)

10	9	8	7	6	5	4	3	2	1
イ（き）	エ（おに）	エ（き）	ア（にすい）	ア（わかんむり）	ウ（とだれ）	ア（くちへん）	エ（ふるとり）	ウ（あなかんむり）	ウ（やま）

(七) 漢字と送りがな (10)

5	4	3	2	1
秘める	語らう	曲がり	訪ねる	耕し

(九) 誤字訂正 (10)

5	4	3	2	1	
係	営	形	誘	期	誤
型	映	系	優	機	正

20	19	18	17	16	15	14	13	12	11
眼鏡	備	比	裁	拝	著	染	暮	覚	朗

予想模擬テスト❺

標準解答

18ページ～21ページ

(一) 読み (30)

1	2	3	4	5	6	7	8	9	10	11	12	13	14	15
いしょく	はんせん	きせい	かんり	いんぼう	こうりゅう	がろう	ほうしょく	けんそ	さいほう	はいじょ	ひょうはく	じゅうかん	かんもん	てんさく

(二) 同音・同訓異字 (30)

1	2	3	4	5	6	7	8	9	10	11	12	13	14	15
ウ	イ	オ	エ	ア	ウ	イ	ア	オ	エ	ウ	オ	イ	エ	ア

(四) 熟語の構成 (20)

1	2	3	4	5	6	7	8	9	10
オ	ア	エ	ウ	エ	ウ	イ	ア	ア	イ

(六) 対義語・類義語 (20)

1	2	3	4	5	6	7	8	9	10
放	起	革	厳	然	想	困	収	朗	意

(八) 四字熟語 (20)

1	2	3	4	5	6	7	8	9	10
試行	一挙	暖衣	刻苦	順風	消沈	霧中	不敵	談話	後生

(十) 書き取り (40)

1	2	3	4	5	6	7	8	9	10
盛大	効能	典型	格段	蒸発	頭脳	策略	操作	決済	許可

16	17	18	19	20	21	22	23	24	25	26	27	28	29	30
ぼくちく	しっく	こくふく	いっつい	てんにょ	ゆず	すこ	ほばしら	こぶた	ひか	た	いなか	しぐれ	ぐうじ	しおひが

（三）漢字識別 (10)

1	2	3	4	5
ア	エ	オ	コ	ケ

（五）部首 (10)

1	2	3	4	5	6	7	8	9	10
イ（ひへん）	ウ（うまへん）	エ（だい）	ア（しんにょう・しんにゅう）	ア（こころ）	ア（がんだれ）	イ（きへん）	ウ（やまいだれ）	エ（かいへん）	ア（おおざと）

（七）漢字と送りがな (10)

1	2	3	4	5
喜ばしい	確かめる	足りる	反らす	率いて

（九）誤字訂正 (10)

	1	2	3	4	5
誤	典	般	織	張	望
正	展	範	折	調	臨

11	12	13	14	15	16	17	18	19	20
逆	沿	試	慣	代物	届	額	志	笑顔	土産

予想模擬テスト❻

標準解答

22ページ～25ページ

(一) 読み (30)

1	2	3	4	5	6	7	8	9	10	11	12	13	14	15
しょうしん	さいたく	さくにゅう	しょうあく	けつぼう	ゆうげん	かくご	とうすい	けんやく	きつえん	そうじ	ほうき	すいはん	いちりん	ぶんぴ（つ）

(二) 同音・同訓異字 (30)

1	2	3	4	5	6	7	8	9	10	11	12	13	14	15
イ	オ	エ	ウ	オ	イ	エ	オ	ア	ウ	エ	イ	ア	オ	イ

(四) 熟語の構成 (20)

1	2	3	4	5	6	7	8	9	10
イ	ア	オ	イ	ア	イ	エ	ウ	ウ	オ

(六) 対義語・類義語 (20)

1	2	3	4	5	6	7	8	9	10
直	満	極	優	護	動	略	冷	激	遠

(八) 四字熟語 (20)

1	2	3	4	5	6	7	8	9	10
用意	油断	千差	公序	異口	率先	集散	工夫	低迷	夢中

(十) 書き取り (40)

1	2	3	4	5	6	7	8	9	10
果断	産卵	裁量	除幕	巻末	圧縮	加盟	結束	便乗	借用

16	17	18	19	20	21	22	23	24	25	26	27	28	29	30
にょうい	ろうかく	ちっそく	はんしゅ	こうさく	かんだか	うれ	とどこお	けず	おさ	あら	うるお	と	し	ゆる

（三）漢字識別 (10)

1	2	3	4	5
イ	オ	エ	カ	ク

（五）部首 (10)

1	2	3	4	5	6	7	8	9	10
エ（ころも）	ウ（いと）	ア（あみがしら・あみめ・よこめ）	ウ（くち）	ア（ごんべん）	イ（のぎへん）	ア（そうにょう）	エ（こころ）	イ（ぎょうにんべん）	ア（だい）

（七）漢字と送りがな (10)

1	2	3	4	5
厚かましい	告げる	責める	務める	外れる

（九）誤字訂正 (10)

	1	2	3	4	5
誤	体	表	量	価	衆
正	帯	評	料	果	集

11	12	13	14	15	16	17	18	19	20
危	収	整	唱	鳥居	生	灰色	辞	湯冷	心地

予想模擬テスト ⑦

標準解答

26ページ〜29ページ

(一) 読み (30)

1	2	3	4	5	6	7	8	9	10	11	12	13	14	15
たいどう	けいはつ	きんぱく	こくめい	せんぷく	かいてい	じょう	こうそ	ようち	ごらく	ちゅうしゃ	とうだん	そうけん	きょえい	ていけい

(二) 同音・同訓異字 (30)

1	2	3	4	5	6	7	8	9	10	11	12	13	14	15
イ	オ	ウ	イ	ア	オ	ウ	エ	オ	ア	イ	エ	オ	ア	ウ

(四) 熟語の構成 (20)

1	2	3	4	5	6	7	8	9	10
ア	エ	イ	イ	ウ	エ	オ	エ	ア	ウ

(六) 対義語・類義語 (20)

1	2	3	4	5	6	7	8	9	10
解	革	観	細	使	禁	善	承	案	険

(八) 四字熟語 (20)

1	2	3	4	5	6	7	8	9	10
危機	破顔	衆人	直情	疑心	整然	看板	断行	一失	落着

(十) 書き取り (40)

1	2	3	4	5	6	7	8	9	10
難関	推移	要因	派生	答申	干潮	鋼鉄	大樹	希少	帰省

16	17	18	19	20	21	22	23	24	25	26	27	28	29	30
ふうさ	しんずい	がくふ	かんわ	ねんちゃく	かたまり	も	なえぎ	にく	はなよめ	う	ほのお	もよお	のぞ	ひより

(三) 漢字識別 (10)

1	2	3	4	5
ケ	キ	ウ	オ	コ

(五) 部首 (10)

1	2	3	4	5	6	7	8	9	10
ア (けものへん)	イ (こめへん)	ウ (つち)	イ (そうにょう)	ウ (ぎょうがまえ・ゆきがまえ)	エ (ちから)	ウ (つづみ)	ウ (くち)	エ (だいのまげあし)	イ (うしへん)

(七) 漢字と送りがな (10)

1	2	3	4	5
養う	険しく	探る	快く	改まり

(九) 誤字訂正 (10)

	1	2	3	4	5
誤	集	洗	透	勢	荒
正	終	染	投	精	洗

11	12	13	14	15	16	17	18	19	20
輪切	練	至	大筋	旗	似	蚕	退	保	肥

予想模擬テスト ⑧

標準解答

30ページ～33ページ

(一) 読み (30)

15	14	13	12	11	10	9	8	7	6	5	4	3	2	1
ほくと	かせつ	すいたい	さっか	ずいしょ	えんせき	しょうぎ	ほうのう	しゃしょう	かんせい	かいこ	らがん	はいせき	じっし	ていけつ

(二) 同音・同訓異字 (30)

15	14	13	12	11	10	9	8	7	6	5	4	3	2	1
エ	ウ	イ	ア	エ	オ	ウ	イ	エ	ア	オ	エ	ア	イ	ウ

(四) 熟語の構成 (20)

10	9	8	7	6	5	4	3	2	1
ア	エ	イ	イ	ア	エ	オ	ウ	ウ	ア

(六) 対義語・類義語 (20)

10	9	8	7	6	5	4	3	2	1
念	望	願	放	序	末	質	興	希	雑

(八) 四字熟語 (20)

10	9	8	7	6	5	4	3	2	1
有望	努力	応変	千載	不断	昼夜	事後	円熟	一喜	深山

(十) 書き取り (40)

10	9	8	7	6	5	4	3	2	1
価値	幹事	感傷	批判	識別	混迷	宣伝	疑念	事態	探査

16	17	18	19	20	21	22	23	24	25	26	27	28	29	30
けいたい	だっかい	がし	ほんせき	ちんぷ	こ	うなが	はな	つくろ	くろこ	あ	さそ	ななくせ	かいどう	ふけい

（三）漢字識別 (10)

1	2	3	4	5
コ	キ	ウ	ク	オ

（五）部首 (10)

1	2	3	4	5	6	7	8	9	10
イ（にんべん）	イ（りっしんべん）	イ（すん）	ア（こざとへん）	ウ（ひとやね）	エ（ほこづくり・ほこがまえ）	ウ（つち）	ウ（くさかんむり）	ア（た）	ア（やまいだれ）

（七）漢字と送りがな (10)

1	2	3	4	5
設ける	栄え	努める	幸い	激しく

（九）誤字訂正 (10)

	1	2	3	4	5
誤	援	開	違	前	詰
正	円	明	遺	全	積

11	12	13	14	15	16	17	18	19	20
紅	修	敵	節目	歯並	飼	化	割合	結	時雨

予想模擬テスト ⑨

標準解答

34ページ～37ページ

(一) 読み (30)

1	2	3	4	5	6	7	8	9	10	11	12	13	14	15
しんせい	しもん	さいそく	ぜっか	れいとう	りょうぼ	きっぽう	こうみょう	みわく	じょうこう	あいぞう	ひ	ちんあつ	ふくし	こりつ

(二) 同音・同訓異字 (30)

1	2	3	4	5	6	7	8	9	10	11	12	13	14	15
イ	ウ	オ	エ	ア	オ	オ	ウ	エ	ウ	ア	イ	イ	エ	オ

(四) 熟語の構成 (20)

1	2	3	4	5	6	7	8	9	10
エ	ウ	オ	ウ	イ	エ	ウ	ウ	イ	ア

(六) 対義語・類義語 (20)

1	2	3	4	5	6	7	8	9	10
原	助	野	禁	制	警	諾	定	布	判

(八) 四字熟語 (20)

1	2	3	4	5	6	7	8	9	10
小康	当意	美辞	円転	来歴	始終	面目	道断	絶後	流水

(十) 書き取り (40)

1	2	3	4	5	6	7	8	9	10
沿革	資料	体裁	統計	収益	看護	創設	類似	過程	模型

16	17	18	19	20	21	22	23	24	25	26	27	28	29	30
りょうしょう	ちゅうじく	りゅうき	いたく	じゅんすい	あらわ	おろしね	しぼ	すみ	す	うら	すで	と	う	みやげ

（三）漢字識別 (10)

1	2	3	4	5
ウ	エ	コ	キ	ク

（五）部首 (10)

1	2	3	4	5	6	7	8	9	10
エ（こころ）	ウ（やま）	イ（たへん）	イ（にょう）	ア（さんづくり）	ア（めへん）	ア（いとがしら）	エ（ころも）	エ（しんにょう・しんにゅう）	イ（たけかんむり）

（七）漢字と送りがな (10)

1	2	3	4	5
暴れ	清らかな	背ける	冷やかし	絶やす

（九）誤字訂正 (10)

	1	2	3	4	5
誤	可	貸	下	荷	継
正	加	借	舌	課	次

11	12	13	14	15	16	17	18	19	20
映	傷口	座	延	養	女神	導	境	空	紅葉

予想模擬テスト⑩

標準解答

38ページ～41ページ

（一）読み (30)

1	2	3	4	5	6	7	8	9	10	11	12	13	14	15
かんぜん	しょくぼう	よくよう	ふごう	けっしょう	きひ	ちょうぼ	ばんそう	ひくつ	れんか	しんすい	とくじつ	ぎゃくたい	ろばた	きんきゅう

（二）同音・同訓異字 (30)

1	2	3	4	5	6	7	8	9	10	11	12	13	14	15
ウ	ア	イ	オ	イ	エ	エ	ア	ウ	イ	エ	オ	ウ	オ	イ

（四）熟語の構成 (20)

1	2	3	4	5	6	7	8	9	10
イ	ウ	ア	エ	ウ	エ	エ	ア	オ	ア

（六）対義語・類義語 (20)

1	2	3	4	5	6	7	8	9	10
略	善	故	理	悲	使	借	密	承	我

（八）四字熟語 (20)

1	2	3	4	5	6	7	8	9	10
電光	複雑	本末	四分	物情	得失	一退	達成	月歩	辞令

（十）書き取り (40)

1	2	3	4	5	6	7	8	9	10
円熟	降雨	防備	編成	粉末	担当	飼料	拡大	納税	装置

16	17	18	19	20	21	22	23	24	25	26	27	28	29	30
しょうとつ	びょうま	ほんい	らんぴ	しんびがん	あさせ	つらぬ	あわ	ほ	れいげん	ひめ	さまた	さ	なごり	かわせ

(三) 漢字識別 (10)

1	2	3	4	5
カ	オ	コ	ク	ウ

(五) 部首 (10)

1	2	3	4	5	6	7	8	9	10
エ（にく）	エ（なし・ぶ・すでのつくり）	イ（ごんべん）	エ（じゅう）	ア（きへん）	エ（はば）	ア（ころも）	ウ（おおがい）	エ（のぶん・ぼくつくり）	イ（だい）

(七) 漢字と送りがな (10)

1	2	3	4	5
尽くす	構える	報いる	志す	潤す

(九) 誤字訂正 (10)

	1	2	3	4	5
誤	課	格	章	野	形
正	過	画	賞	夜	片

11	12	13	14	15	16	17	18	19	20
値札	射	泉	張	舌	険	綿毛	補	集	三味線

予想模擬テスト ⑪

標準解答　42ページ～45ページ

(一) 読み (30)

1	2	3	4	5	6	7	8	9	10	11	12	13	14	15
しんちょう	かいだく	ちゅうしゅつ	ぼしゅう	むじゃき	じひ	ほうこう	きしゅ	つうこん	いっそう	きょうこう	だいたん	きっきん	れいこう	ふにん

(二) 同音・同訓異字 (30)

1	2	3	4	5	6	7	8	9	10	11	12	13	14	15
エ	オ	ウ	ウ	オ	ア	イ	エ	ア	ウ	イ	オ	ウ	イ	オ

(四) 熟語の構成 (20)

1	2	3	4	5	6	7	8	9	10
エ	イ	ウ	イ	ア	イ	ウ	エ	イ	オ

(六) 対義語・類義語 (20)

1	2	3	4	5	6	7	8	9	10
和	苦	率	相	望	興	利	覚	達	栄

(八) 四字熟語 (20)

1	2	3	4	5	6	7	8	9	10
前人	争鳴	古今	無味	終始	止水	存亡	晩成	後楽	鳴動

(十) 書き取り (40)

1	2	3	4	5	6	7	8	9	10
首脳	磁石	保留	度胸	翌日	街路樹	弟子	逆境	枚挙	損傷

30	29	28	27	26	25	24	23	22	21	20	19	18	17	16
たち	かぜ	なだれ	ひそ	たずさ	よ	たましい	へだ	かね	そうなん	たいざい	しょうどう	まいぞう	まいぞう	ゆうりょ

※右から読む。16 ゆうりょ／17 まいぞう／18 しょうどう／19 たいざい／20 そうなん／21 かね／22 しば／23 へだ／24 たましい／25 よ／26 たずさ／27 ひそ／28 なだれ／29 かぜ／30 たち

(三) 漢字識別 (10)

5	4	3	2	1
カ	エ	ア	コ	ケ

(五) 部首 (10)

10	9	8	7	6	5	4	3	2	1
ウ（のごめ）	ウ（あか）	ア（やまいだれ）	エ（れんが・れっか）	エ（おおがい）	ウ（さら）	ウ（だい）	イ（ぎょうがまえ・ゆきがまえ）	ア（ひ）	ア（うかんむり）

(七) 漢字と送りがな (10)

5	4	3	2	1
試される	減らす	速やか	直ちに	勝る

(九) 誤字訂正 (10)

	5	4	3	2	1
誤	協	急	請	共	集
正	共	救	受	供	収

20	19	18	17	16	15	14	13	12	11
心得	優	臨	目盛	旅路	報	経	古株	誤	大黒柱

予想模擬テスト⑫

標準解答

46ページ～49ページ

(一) 読み (30)

15	14	13	12	11	10	9	8	7	6	5	4	3	2	1
ちぎょ	じょうほ	なんばん	ふんそう	はいけい	ていたい	せっし	かんかく	そくしん	いりゅう	れいほう	ぎょうし	きふく	えいたん	がいよう

(二) 同音・同訓異字 (30)

15	14	13	12	11	10	9	8	7	6	5	4	3	2	1
オ	イ	ウ	ア	イ	オ	ア	ウ	エ	オ	エ	ウ	オ	エ	ア

(四) 熟語の構成 (20)

10	9	8	7	6	5	4	3	2	1
ウ	ウ	ア	イ	イ	オ	イ	ア	エ	エ

(六) 対義語・類義語 (20)

10	9	8	7	6	5	4	3	2	1
織	品	箇	復	敬	退	属	冷	展	苦

(八) 四字熟語 (20)

10	9	8	7	6	5	4	3	2	1
無根	分別	方正	小異	不落	器用	不覚	門戸	笑止	縦横

(十) 書き取り (40)

10	9	8	7	6	5	4	3	2	1
頂上	順応	候補	臓器	訪問	専門	演奏	修行	閣議	明朗

16	17	18	19	20	21	22	23	24	25	26	27	28	29	30
あいかん	いろう	しらぎく	わんきょく	こはん	つの	たき	あざむ	なぐ	と	はか	ともな	まぼろし	しゃみせん	しばふ

(三) 漢字識別 (10)

1	2	3	4	5
ク	カ	イ	コ	オ

(五) 部首 (10)

1	2	3	4	5	6	7	8	9	10
ウ (やまいだれ)	イ (りっしんべん)	ウ (とます)	ウ (うしへん)	イ (すん)	ア (おおざと)	エ (おんな)	ウ (いと)	イ (ぎょうにんべん)	エ (ころも)

(七) 漢字と送りがな (10)

1	2	3	4	5
述べる	失う	連なっ	営み	補う

(九) 誤字訂正 (10)

	1	2	3	4	5
誤	占	信	摂	支	壇
正	川	申	設	指	段

11	12	13	14	15	16	17	18	19	20
尊	程	燃	築	貸	蔵	束	暴	刷	若人

予想模擬テスト ⑬

標準解答

50ページ～53ページ

（一）読み (30)

1	2	3	4	5	6	7	8	9	10	11	12	13	14	15
じゅうちん	ちょうか	せんぷく	りんかく	きそ	かんあん	ほうごう	きっさ	こくさい	こうそく	こうそ	ずいじ	ちょうこく	せつじょく	きょうえつ

（二）同音・同訓異字 (30)

1	2	3	4	5	6	7	8	9	10	11	12	13	14	15
エ	イ	ウ	ア	ウ	オ	エ	オ	イ	ウ	ア	エ	エ	イ	ウ

（四）熟語の構成 (20)

1	2	3	4	5	6	7	8	9	10
エ	ウ	ア	オ	ア	オ	ウ	エ	イ	ウ

（六）対義語・類義語 (20)

1	2	3	4	5	6	7	8	9	10
激	機	延	奮	採	亡	納	測	幼	明

（八）四字熟語 (20)

1	2	3	4	5	6	7	8	9	10
条件	急転	以心	一刀	無私	術数	開化	深長	満面	効果

（十）書き取り (40)

1	2	3	4	5	6	7	8	9	10
評判	誕生	住宅	談笑	財布	検討	郵便	絶賛	秘密	提唱

16	17	18	19	20	21	22	23	24	25	26	27	28	29	30
きっきょう	どうはん	きせき	さくげん	ほげい	や	うば	ゆ	はなむこ	とぼ	すみ	ふくろ	もと	ぬ	おとめ

（三）漢字識別 (10)

1	2	3	4	5
オ	ク	ケ	イ	キ

（五）部首 (10)

1	2	3	4	5	6	7	8	9	10
ア（とめる）	エ（じゅう）	ウ（ひ）	イ（ふしづくり・わりふ）	エ（れんが・れっか）	ア（くさかんむり）	エ（かい・こがい）	ウ（はね）	イ（しんにょう・しんにゅう）	ウ（いしへん）

（七）漢字と送りがな (10)

1	2	3	4	5
臨む	健やかに	済ます	遂げる	柔らかい

（九）誤字訂正 (10)

	1	2	3	4	5
誤	他	決	保	勢	篤
正	多	欠	補	盛	得

11	12	13	14	15	16	17	18	19	20
断	乳	骨折	窓辺	従	厚着	耕	訪	日和	田舎

予想模擬テスト 14

標準解答

54ページ～57ページ

(一) 読み (30)

1	2	3	4	5	6	7	8	9	10	11	12	13	14	15
えいかん	がいとう	かんよう	えんかつ	きじゅ	せいこん	しょうろう	けいさい	あんないじょう	いっせき	ていい	ぜつめつ	れいさい	はろう	ゆうどう

(二) 同音・同訓異字 (30)

1	2	3	4	5	6	7	8	9	10	11	12	13	14	15
イ	ウ	エ	オ	ア	イ	ウ	エ	ア	オ	ウ	イ	オ	エ	ア

(四) 熟語の構成 (20)

1	2	3	4	5	6	7	8	9	10
イ	オ	ア	ア	ア	ウ	エ	オ	エ	ウ

(六) 対義語・類義語 (20)

1	2	3	4	5	6	7	8	9	10
簡	練	統	約	否	将	専	両	略	派

(八) 四字熟語 (20)

1	2	3	4	5	6	7	8	9	10
千客	低頭	大義	自暴	多難	取捨	謝絶	序列	玉条	混同

(十) 書き取り (40)

1	2	3	4	5	6	7	8	9	10
想起	燃焼	観覧	注射	宇宙	危害	机上	簡単	断層	砂糖

16	17	18	19	20	21	22	23	24	25	26	27	28	29	30
けつれつ	どうよう	ぼうしょ	ぼっとう	けいだい	あ	またぎ	きく	した	こ	いこ	しぼ	くわ	ゆくえ	さなえ

(三) 漢字識別 (10)

1	2	3	4	5
エ	オ	コ	カ	ケ

(五) 部首 (10)

1	2	3	4	5	6	7	8	9	10
ウ（あくび・かける）	ウ（おに）	ア（ころも）	イ（けものへん）	エ（とり）	ア（たけかんむり）	ウ（しんのたつ）	ウ（こころ）	エ（にんべん）	イ（あなかんむり）

(七) 漢字と送りがな (10)

1	2	3	4	5
散らかさ	備わっ	極めて	唱える	交え

(九) 誤字訂正 (10)

	1	2	3	4	5
誤	所	個	造	返	半
正	処	固	増	片	飯

11	12	13	14	15	16	17	18	19	20
縮	易	絹	垂	難	招	推	片棒	支	名残

予想模擬テスト⑮

標準解答

58ページ～61ページ

(一) 読み (30)

1	2	3	4	5	6	7	8	9	10	11	12	13	14	15
けいやく	かんがい	けいよう	たいぐう	しゅうかく	きかい	おうだ	ぐもん	やばん	ぐうぜん	びこう	ようこう	ばいせき	てんば	ちょうしゅ

(二) 同音・同訓異字 (30)

1	2	3	4	5	6	7	8	9	10	11	12	13	14	15
ウ	イ	エ	ウ	エ	オ	エ	ウ	イ	オ	ア	ウ	オ	ア	ウ

(四) 熟語の構成 (20)

1	2	3	4	5	6	7	8	9	10
ウ	エ	ア	ア	イ	ウ	イ	エ	オ	エ

(六) 対義語・類義語 (20)

1	2	3	4	5	6	7	8	9	10
束	違	否	模	細	役	潮	値	誉	欠

(八) 四字熟語 (20)

1	2	3	4	5	6	7	8	9	10
一転	才色	放語	玉石	博学	自賛	異夢	潔白	水明	無事

(十) 書き取り (40)

1	2	3	4	5	6	7	8	9	10
勤勉	筋骨	穀倉	絶句	姿勢	機構	規模	興奮	痛快	一笑

30	29	28	27	26	25	24	23	22	21	20	19	18	17	16
わこうど	ほろ	ただよ	お	む	しめ	やと	かしこ	ほなみ	か	まいそう	ぎせい	そち	たいまん	ぼうちょう

(三) 漢字識別 (10)

5	4	3	2	1
ケ	オ	イ	ウ	キ

(五) 部首 (10)

10	9	8	7	6	5	4	3	2	1
ウ (にくづき)	ア (さんずい)	エ (したごころ)	エ (さんづくり)	イ (とらがしら・とらかんむり)	ア (てへん)	ア (かねへん)	エ (おつ)	エ (かい・こがい)	ウ (しょくへん)

(七) 漢字と送りがな (10)

5	4	3	2	1
結わえる	誤ら	整え	平らげる	究める

(九) 誤字訂正 (10)

5	4	3	2	1	
意	移	用	征	双	誤
異	委	要	制	相	正

20	19	18	17	16	15	14	13	12	11
吹雪	強	忘	競	群	罪	基	近寄	実	並